Relajación instantánea

Frank Goldwind

Relajación instantánea

ROBINBOOK

Si usted desea que le mantengamos informado de nuestras publicaciones, sólo tiene que remitirnos su nombre y dirección, indicando qué temas le interesan, y gustosamente complaceremos su petición.

Ediciones RobinBook
Información Bibliográfica
Aptdo. 94.085 - 08080 Barcelona
E-Mail: robinbook@abadia.com

Versión española e ilustraciones de Niké Arts, S.L.
Compaginación y revisión: Niké Ecociència.

Diseño cubierta: Regina Richling.
Fotografía: Regina Richling.
ISBN: 84-7927-325-9.
Depósito legal: B-36.537-1998.
Impreso por Bigsa, Manuel Fernández Márquez, s/n.
08930 Sant Adrià del Besós.

Impreso en España - *Printed in Spain*

Introducción

Cómo nos afecta el estrés

Estar relajado y permanecer en tensión constituyen dos estados perfectamente naturales y útiles en la vida cotidiana. El problema surge cuando la tensión se adueña del cuerpo y del espíritu, y aparece en momentos en que no es necesaria.

La tensión, siempre y cuando no sea excesiva, es el motor que mueve al ser humano: una fuerza positiva que ayuda a sobrevivir y a moverse, y que marca la diferencia entre una vida activa y una existencia pasiva.

En la vida cotidiana, sin embargo, no faltan ocasiones para estar tensos. Los nuevos ritmos de vida provocan, en muchos individuos, un cansancio anormal y un estado constante de nervios y ansiedad.

El estrés ya no es un recurso puntual, sino una forma de vida, una respuesta a los cambios que se producen en el entorno, cada vez más rápidos y profundos.

Periodistas, deportistas, médicos, administradores de empresas, ejecutivos, vendedores, altos cargos, etc. están especialmente expuestos, ya que se hallan sometidos a muchas presiones y son incapaces de separar los efectos beneficiosos de sus desventajas. Además, existen personas con una especie de adicción a los niveles altos de estrés y dependen de él para no aburrirse y para motivarse.

El estrés no afecta sólo a quienes viven vertiginosamente, sino que también se da en personas con una vida monótona. Puede ser el resultado de la falta de estímulos o de la frustración, ira y ansiedad acumuladas ante el escaso control que ejercen sobre su vida y su trabajo.

Hay algunas personas (pocas) que son capaces de identificar el estrés en cuanto aparece y ponerle remedio, pero a menudo es difícil darse cuenta de que está tomando posesión de la vida propia. Es más, la necesidad de convivir con él crea verdaderos expertos en sublimarlo, traduciéndolo a objetivos como la ambición, la dedicación al trabajo o el perfeccionismo.

El cuerpo humano está bien dotado para afrontar el estrés, pero tiene sus límites; si abusa de su capacidad de adaptación, ésta llega a agotarse, el cuerpo deja de funcionar como debe y los distintos órganos se hacen eco del estrés.

Cómo afecta al cuerpo

El cuerpo acusa el estrés de diversas formas y lo manifiesta con diferentes síntomas:

Reflejos nerviosos

Morderse las uñas, apretar las mandíbulas, tocarse la cara, encoger los hombros o mantenerlos en tensión, mesarse los cabellos, tamborilear con los dedos, hacer crujir los dientes, apretar los puños... Muchos de estos hábitos se adquieren en la primera infancia, pero se manifiestan preferentemente en situaciones de estrés.

Trastornos de salud

El estrés causa tensiones musculares, sobre todo en los hombros, el cuello y la zona de la clavícula, además de dolor en las articulaciones, astenia, insomnio, jaquecas y mareos, calambres, propensión a la enfermedad, ahogo, opresiones o sofocos, sudores repentinos y contracciones faciales. No haga caso omiso de los primeros síntomas: cuanto antes los identifique y empiece un plan de relajación, más fácil será ponerle remedio y no caer en enfermedades físicas relacionadas con el estrés. Lo más probable es que los diferentes miembros de una familia muestren síntomas similares.

Enfermedades

Ignorar prolongadamente las señales de alarma del cuerpo y no buscar solución alguna puede acarrear enfermedades graves: asma, úlcera de estómago, hipertensión, acidez y trastornos digestivos, enfermedades de riñón y vejiga, enfermedades cardíacas y vasculares (taquicardias, infartos, etc.), problemas de la piel, trastornos sexuales...

Dejar que el exceso de estrés se convierta en una sensación crónica significa dejar de prestar atención al propio cuerpo e ignorar sus verdaderas sensaciones. El resultado es que queda muy limitada la capacidad de convertirnos en personas más realizadas y felices.

De todas formas, tenga en cuenta que los síntomas no siempre se manifiestan de forma aislada y siempre se relacionan con síntomas psicológicos e intelectuales.

Además, las combinaciones de los síntomas varían en cada individuo: no hay dos personas iguales.

Acostúmbrese a escuchar a su cuerpo. Siéntese tranquilamente y reflexione sobre cómo reacciona a las sobrecargas y a las exigencias y cuáles son las primeras señales de alarma que le envían su cuerpo y su mente. Aprenda a identificar sus límites y los primeros toques de atención para atajar el estrés lo antes posible y para saber cuándo se está exigiendo demasiado a sí mismo. Recuerde que el estrés puede derivar en perfeccionismo o en una autoexigencia que no se corresponde con lo que es necesario.

Cómo afecta al espíritu

El estrés influye en el estado de ánimo de diversas formas: desde cambios de humor superficiales a cambios más profundos y permanentes.

La irritabilidad y la impaciencia son manifestaciones relativamente superficiales de estados de ansiedad que indican hiperactividad. Los individuos estresados muestran una mayor susceptibilidad general.

El estrés puede disparar las emociones: desde llanto frecuente o hipersensibilidad, a inquietud y sensación de no estar bien en ninguna parte.

Si la inquietud y la frustración se mantienen, pueden convertirse en cólera u hostilidad declarada.

En líneas generales, las personas muestran una de las dos tendencias siguientes, aunque, evidentemente, existen en la realidad todas las gradaciones posibles:

- **Personas competitivas**. Son las más propensas a padecer estrés. Tienen poca paciencia, son ambiciosas, agresivas y trabajan mucho. Se fijan objetivos muy elevados y se exigen mucho a sí mismas y a los demás.

- **Personas tranquilas**. No son abiertamente ambiciosas, pero sí estables, relajadas y menos propensas a sufrir ansiedad, estrés y enfermedades cardiovasculares.

En principio, las personas del primer tipo son más propensas a padecer estrés, pero hay que recordar que no existen tipos puros y que todos, independientemente de cuál sea nuestro talante, podemos vernos inmersos en el estrés. Tenga en cuenta que las situaciones y condiciones que causan ansiedad y estrés son diferentes para cada individuo, pero la vida moderna, con sus múltiples presiones, cambios y exigencias, puede descolocar al más tranquilo.

El estrés continuado acaba por crear reacciones desproporcionadas: desde arranques de cólera por la incapacidad de afrontar un problema que, normalmente, se encararía con tranquilidad, a síntomas más graves, como emociones depresivas, sentimiento de culpa, vergüenza, falta de esperanza, sensación de impotencia, fatiga...

Este estado puede ser tanto causa como consecuencia de problemas más graves (depresiones o deseo de morir), de cualquier forma de adicción grave (tabaco, comida, alcohol, droga, regímenes de adelgazamiento...), y de temores y fobias (agorafobia, vértigo, temor a las relaciones humanas, neurosis, ataques de pánico, enfermedades psíquicas...).

No hay que asustarse, sino simplemente aprender a conocerse y no obligarse a vivir en una situación que sería insostenible para cualquiera. Muchas veces no podemos cambiar el entorno (los jefes demasiado exigentes o fuertemente estresados, la presión en el trabajo, los planes poco realistas, un ritmo endiablado de producción...), pero sí podemos encontrar una forma de enfrentarlo que no sea tan perjudicial para nosotros. La clave radica en identificar desde un principio los sentimientos negativos para ponerles remedio. Con un poco de práctica, podrá reconocer la primera cara del estrés y poner en marcha una técnica de relajación que, en unos breves minutos, disminuya sus efectos.

La tensión es útil, a veces, para solucionar problemas porque agudiza el ingenio, aumenta la capacidad de respuesta, agiliza la mente... Sin embargo, una tensión continuada produce el efecto contrario: tener problemas de comunicación por hablar demasiado deprisa, gritar, expresarse agresivamente, interrumpir a los demás, hablar mientras otros están hablando, no escuchar, etc.

Problemas intelectuales

Los síntomas más corrientes del estrés son:

- Incapacidad para tomar decisiones.
- Cambios de opinión.

- Bloqueos de la memoria.
- Pérdida de memoria a corto plazo.
- Dificultad para encontrar palabras adecuadas.
- Falta de concentración.
- Bloqueos.
- Inquietud.
- Perfeccionismo.
- Pensamiento obsesivo.
- Incapacidad para desconectar.

❖ ❖ ❖

Respuesta de «lucha o huida»

Tan pronto como se reconoce el peligro, los músculos se tensan para la acción, listos para luchar o para «salir a escape». Esto es una compleja e involuntaria reacción en cadena de cambios fisiológicos y bioquímicos en la que participan el cerebro, el sistema nervioso y diversas hormonas.

Cuando el cerebro recibe el mensaje de peligro, se inician unos cambios drásticos en el hipotálamo, el centro donde se integran todas las funciones del cuerpo, que normalmente no permanecen bajo control consciente.

El cuerpo en su totalidad se pone en alerta para la acción y para una actividad física vigorosa: músculos, corazón, pulmones y cerebro tienen prioridad, y todos los demás sistemas quedan en un segundo plano.

El corazón de un hombre sano, que en reposo late entre 60 y 75 veces por minuto, puede situarse rápidamente en 190-220 latidos por minuto cuando la rama simpática de su sistema nervioso reacciona ante un determinado reto. Cuando el reto ha concluido con éxito, la rama parasimpática se pone en marcha: los órganos se relajan y se regeneran, y el ritmo cardíaco vuelve a la normalidad.

En respuesta al estrés, se segregan algunas sustancias químicas como la adrenalina y aumenta la presión sanguínea, los latidos del corazón y la toma de oxígeno y la circulación de sangre en los músculos, de forma que el cuerpo obtiene la energía, la fuerza y la viveza mental necesarias para reaccionar de la mejor forma posible, ya sea iniciando una rápida huida o combatiendo. Así mismo, se activa la sudación para refrigerar el cuerpo, el sistema digestivo se cierra para poder destinar sangre a otros usos más importantes, los músculos se tensan y se disponen a la acción, y la salivación se interrumpe y se seca la boca.

La sangre acude en menor cuantía hacia los órganos cuya función se ha inhibido y afluye al cerebro y a los músculos esqueléticos para favorecer la rapidez del pensamiento y de la acción. La digestión se ralentiza o se detiene, el estómago y los intestinos paran su trabajo y los esfínteres se cierran para evitar la defecación y la micción.

El cuerpo da respuestas a los retos antiguos a los cuales debía enfrentarse el hombre primitivo. Por eso, muchas veces, los cambios físicos que se operan y la energía que se acumula no se liberan eficazmente al enfrentar el problema y se producen estrés y emociones como la ira, la ansiedad, el miedo y la impaciencia, que pueden generar más estrés.

Reconocer el estrés es el primer paso, y el más importante, para reducir sus repercusiones dañinas en la vida diaria.

❖ ❖ ❖

Lista de efectos del estrés

Sobre el cuerpo

- Hipertensión.
- Taquicardia.
- Sofocos.
- Escalofríos.
- Transpiración.
- Rubores.
- Dolor de espalda.
- Dificultad para respirar.
- Dificultad para tragar.
- Náuseas.
- Hiperventilación.
- Tensión o contracción muscular.
- Debilitamiento del sistema inmunológico.
- Sequedad cutánea.
- Erupciones.
- Entumecimientos.

- Hormigueos.
- Boca seca.
- Micción frecuente.

Sobre la conducta

- Insomnio.
- Despertar temprano.
- Agresividad.
- Estallidos emocionales.
- Exceso o falta de apetito.
- Alcoholismo.
- Tabaquismo.
- Drogadicción.
- Inactividad.
- Dificultad en tomar decisiones.
- Posponer indefinidamente algunos asuntos.
- Huida ante determinadas situaciones.
- Susceptibilidad a las críticas.

Sobre las emociones

- Ansiedad.
- Nerviosismo.
- Tensiones.
- Fobias.

- Pánico.
- Depresión.
- Tristeza.
- Fatiga.
- Apatía.
- Inseguridad.
- Culpa y vergüenza.
- Mal humor.
- Soledad.
- Celos.

Sobre la mente

- Dificultades de concentración.
- Olvidos y despistes.
- Ideas negativas acerca de uno mismo.
- Pensamientos obsesivos.
- Ideas distorsionadas.
- Radicalización de ideas.
- Dificultad para afrontar cambios.
- Pérdida de creatividad.

Sobre la salud

- Hipertensión.
- Diarreas.

- Problemas en la piel.
- Úlceras gástricas.
- Acidez.
- Síndrome del colon irritable.
- Migrañas.
- Asma.
- Alergias.
- Menstruación irregular.

❖ ❖ ❖

Identificar el grado de estrés

Tensión saludable

Se encuentra bien, su aspecto es relajado, así como sus ademanes. No se siente culpable de dedicar tiempo al relax o a hacer ejercicio. Rechaza presiones o exigencias que causan pérdida de la felicidad. Las otras personas lo definirían como saludable, adaptable y accesible. Está dotado de las características básicas necesarias para el éxito: pensamiento flexible, originalidad, vigor y capacidad de mantener esfuerzos continuados. Incrementar su tensión en algún momento determinado le ayuda a mejorar sus resultados.

Fatiga aceptable

Siente la fatiga, pero no la ignora y adopta los pasos necesarios para recobrarse lo más pronto posible. Los derroches de energía no estrictamente necesarios pueden aplazarse o dejarse a un lado. Duerme bien. Las otras personas lo definen como saludablemente cansado, pero no están preocupadas por ello. Las cualidades necesarias para el éxito son todavía evidentes.

Agotamiento

Aunque usted insista en que se siente bien, las personas que lo rodean dirán lo contrario. Quizá no vea necesidad alguna de relajarse y que asuma como necesarias las exigencias y presiones que interfieren en su salud y felicidad, ya que el agotamiento reduce la capacidad de distinguir lo esencial de lo accesorio. Puede verse inmerso en actividades febriles e infructuosas. Si aumenta la tensión en algún momento, sólo consigue peores resultados y mayor ansiedad y, como en un círculo vicioso, más estrés.

Los síntomas son mal carácter, muchas horas trabajadas pero pocos resultados, preocupación por pequeños inconvenientes mientras los problemas principales esperan ser resueltos, insomnio o, en el caso de que se duerma bien, sensación de no haber descansado nunca lo suficiente. Desaparecen las cualidades naturales y a la mente le cuesta adaptarse a cualquier cambio, por pequeño que sea. Quizá se coma más o, por el contrario, descuide la alimentación. En todo caso, se tiende a hacer dos cosas a la vez y, en muchos casos, puede llegarse a trabajar al tiempo que se come. Cuanto más exhausto se encuentre, menores son las posibilidades de que pida ayuda médica. Si este cuadro continúa, puede aparecer una enfermedad o, debido a una mínima irritación, un derrumbamiento de la salud mental o física.

❖ ❖ ❖

Preguntas que uno debe hacerse

Sobre usted

Responder afirmativamente a un tercio de las preguntas siguientes tiene que hacer sonar su alarma interior. Debe poner remedio a su situación. Si contesta afirmativamente a alguna o a varias de las preguntas 1, 4, 7, 10 y 11, conviene que actúe rápidamente.

1. ¿Se siente como si estuviera atrapado en una serie de circunstancias que no puede cambiar?
2. ¿Deja de hacer lo que le gusta por agradar a los demás?
3. ¿Le resulta difícil hablar de sus problemas?
4. ¿Suele dejar todo para el último momento porque las dificultades le provocan angustia?
5. ¿Siente miedo al enfrentarse a una situación difícil?
6. ¿Dedica mucho tiempo a pensar y preocuparse por el futuro?

7. ¿Se siente culpable o deprimido cuando no logra sus objetivos?
8. ¿Es propenso a los ataques de cólera?
9. ¿Llora por cualquier cosa?
10. ¿Le resulta difícil relajarse?
11. ¿Cree que tiene demasiados defectos y pocas virtudes?
12. ¿Se siente angustiado cuando habla con un extraño?

Sobre sus relaciones

Si contesta afirmativamente a un tercio de estas preguntas, es que algo no marcha bien. De todas formas, si contesta que sí a una o varias de las preguntas 1, 3, 4, 5, 7, 9 y 11, tiene motivos para preocuparse.

1. ¿Siente que nunca tiene suficiente tiempo para usted?
2. ¿Siente que no tiene suficiente intimidad en su hogar?
3. ¿Se siente culpable por no hacer más que su familia?
4. ¿Siente que no hace lo suficiente por su familia?
5. ¿Le resulta difícil mantener una relación estable?
6. ¿Le resulta difícil hablar de sexo con su pareja?
7. ¿Su familia está resentida porque no pasa suficiente tiempo en el hogar?
8. ¿Se siente frustrado porque no ve a sus amigos con la frecuencia que querría?
9. ¿Se siente frustrado porque su pareja gana más que usted o tiene un trabajo o posición mejores?

10. ¿Hay algún resentimiento en su familia porque alguno de los miembros no cumple con sus deberes?
11. ¿Se siente frustrado porque su pareja no corresponde con el ideal que se había hecho de ella?

Sobre su trabajo

Si contesta afirmativamente a una de estas preguntas (excepto la 7 y la 9), tiene problemas y su vida, aunque usted no lo sepa, seguramente estará dominada por el estrés.

1. ¿Se siente explotado, como si trabajara demasiado?
2. ¿Acostumbra a trabajar durante las comidas o por la noches?
3. ¿Ha pospuesto las vacaciones o se ha quedado sin ellas?
4. ¿Le deprime su ambiente de trabajo?
5. ¿Le aburre su trabajo?
6. ¿Siente que no reconocen suficiente su talento y sus capacidades?
7. ¿En su trabajo existe la presión de tener que contar siempre con una fecha límite?
8. ¿Su trabajo consiste en una serie de tareas ininterrumpidas y mecánicas, sin posibilidad de descansar?
9. ¿Le resulta difícil delegar en otros parte de su trabajo cuando se halla demasiado ocupado?

10. ¿Tiene que desempeñar demasiadas funciones?
11. ¿Es desagradable su entorno laboral?
12. ¿Tiene un jefe demasiado exigente?
13. ¿Tiene seguridad laboral?
14. ¿Tiene problemas para tomar decisiones?
15. ¿Se lleva a casa trabajo habitualmente?
16. ¿Tiene dificultades para desconectar?

❖ ❖ ❖

Las grandes causas de estrés

Algunos expertos han llegado a la conclusión de que las causas de estrés, de mayor a menor, son las indicadas a continuación. Piense que son acumulativas y que se incrementan notablemente por pequeños problemas que minan la vida diaria (trabajo doméstico, mal ambiente en el trabajo, niños chillones...).

♦ Fallecimiento del cónyuge	100
♦ Divorcio o separación	75
♦ Enfermedad o lesión grave	70
♦ Despido	70
♦ Problemas legales/encarcelamiento	70
♦ Fallecimiento de un allegado	60
♦ Reconciliación matrimonial	60
♦ Jubilación	60
♦ Enfermedad o lesión de un familiar cercano	50
♦ Matrimonio o inicio de convivencia con su pareja	50
♦ Mudanza o reformas importantes en su casa	50

♦ Nacimiento o adopción de un niño	50
♦. Embarazo	45
♦ Incremento del número de disputas con su pareja	45
♦ Hipoteca, préstamo o deuda importante	45
♦ Cambio de empleo	45
♦ Accidente o trauma inesperados	45
♦ Cambios laborales o aumento de exigencias	35
♦ Logro personal destacable o ascenso	35
♦ Cuidado de un pariente o amigo enfermo	35
♦ Problemas con la familia, amigos o vecinos	35
♦ Problemas económicos	35
♦ Exámenes o hablar en público	30
♦ Actividades sociales distintas	30
♦ Actividades de ocio distintas	30
♦ Independencia o distanciamiento de los hijos	30
♦ Síndrome premenstrual o menopausia	30
♦ Inicio de una nueva relación sentimental	30
♦ Vacaciones	20
♦ Reuniones familiares. Navidades	20

Cuando se obtienen más de 300 puntos en un año, el riesgo de contraer una enfermedad es muy elevado; por el contrario, menos de 150 puntos reflejan una posibilidad de riesgo muy remota.

Factores que generan estrés

No pasa un día sin que haya un desafío, sea en el hogar, en el trabajo, con la pareja o incluso en los momentos de ocio. Cualquier cambio, sea superficial o profundo, o cualquier situación o planteamiento nuevo en la vida diaria, pueden causar estrés.

Algunos cambios, como una mudanza o un nuevo trabajo, pueden preverse, pero hay otros que no, como la ruptura de una relación. Si se producen una o varias circunstancias de cambio muy seguidas o en un corto período, podemos tener dificultades para salir adelante y presentaremos una mayor tendencia a sufrir estrés. Cuando se enfrenta a un cambio, es normal que sienta un vacío o aflicción por lo que deja atrás e inseguridad acerca del futuro.

No debe sentirse amenazado por un cambio. Mantenga una actitud positiva, piense que sin cambios no hay mejora posible, o aprenda a asumirlos como un reto que requiere de toda su destreza. Si se siente angustiado, párese a pensar por qué y qué puede hacer para poner remedio a esa angustia. No descuide su salud y no olvide compartir sus dudas, inquietudes o miedos.

Si bien es cierto que no podemos vivir sin estrés porque la vida está llena de desafíos que precisan una respuesta eficaz, las respuestas del cuerpo estaban pensadas para las necesidades primitivas del ser humano y, muchas veces, el cuerpo no responde adecuadamente a los problemas actuales.

El estrés se acumula mediante emociones como la agresividad, la impaciencia, la ira, la ansiedad y el miedo. Vigile en especial aquellas situaciones que excitan inconscientemente el organismo y que hacen acumular energía que luego no se utiliza.

Además de los cambios, también son causas importantes de estrés un incremento importante del rendimiento físico o mental; la angustia y el miedo que se sienten antes de ciertos acontecimientos, que pueden ampliar la ansiedad que se produce cuando el acontecimiento ocurre, y preparan para hacer frente a situaciones que nunca tienen lugar; el aburrimiento, es decir, la falta de estímulos o interés por el trabajo; el paro o la jubilación; la aflicción por el fallecimiento de un ser querido, divorcio... La pena debe reconocerse y dársele salida.

La presión física se acumula y, a largo plazo, puede llevar al agotamiento y a la enfermedad. Sea consciente de ella y de que los efectos negativos del estrés sólo comienzan cuando uno no puede controlar sus reacciones ante él.

Influencias químicas y ambientales

Las personas que viven en las ciudades se ven asediadas por ruidos, aglomeraciones, sensación de soledad, contaminación...

La personalidad es decisiva a la hora de reaccionar ante las presiones ejercidas por el entorno. Las personas competitivas y ambiciosas tienden a vivir y a disfrutar del ritmo y la energía de la metrópolis, mientras que las personas más serenas prefieren ciudades pequeñas o, incluso, el campo.

El factor más intenso de estrés es el ruido. Estudios recientes han revelado que el número de casos de sordera se ha doblado en 20 años.

Por encima de los 40 decibelios por la noche y los 45 decibelios por el día, el descanso se hace difícil. Piense que una conversación animada ya alcanza casi 60 decibelios.

El ruido se opone a la recuperación de energías, al reposo y al sueño, pero también afecta al sistema nervioso de forma importante y al resto de sistemas del organismo.

Aunque la mente bloquee el ruido, el organismo humano reacciona ante él poniendo en marcha el sistema nervioso simpático, que a su vez desencadena la reacción ante el estrés. Un ruido de fondo permanente durante largos períodos puede reducir su capacidad de concentración y aprendizaje.

❖ ❖ ❖

Causas químicas del estrés

También generan estrés sustancias que forman parte de bebidas, alimentos y fármacos. La cafeína, presente en el té, el café y bebidas de cola, aumenta la producción de hormonas. En un primer momento sirve para permanecer alerta, pero después favorece la irritabilidad.

El consumo de azúcar y de alimentos que lo contienen generosamente puede provocar un bajo nivel de glucosa en la sangre (hipoglucemia), que constituye otra causa de fatiga, irritabilidad y bajo rendimiento.

La nicotina estimula las glándulas suprarrenales, provoca una reacción ante el estrés y contribuye a la intoxicación por los elementos nocivos que contiene. Fumar más de cinco cigarrillos al día produce excitación nerviosa y sensación de pesadez y embotamiento en la cabeza.

El consumo de bebidas alcohólicas deteriora la función nerviosa y el organismo en general: depresión, trastornos hepáticos, dificultades para pensar y trabajar, problemas de concentración...

Plan de acción

Paso 1

Conózcase a sí mismo y sepa hasta qué punto puede aguantar bien la tensión. Tenga el coraje de decir «no» cuando las cosas se le echan encima o se le escapan de las manos. Reconozca la fatiga y póngale remedio. Tómese su tiempo para relajarse y para distraerse. Aprenda a desconectar. Una buena idea puede ser empezar a practicar deporte: tres veces por semana durante 20 o 30 minutos.

Si se encuentra en buena forma física, estará más contento y motivado y, también, más despierto y alerta. Cuando hace ejercicio, mejora el funcionamiento del corazón, se fomenta la actividad pulmonar y la circulación, se reduce la tensión arterial y el nivel de colesterol, se relajan los músculos en tensión y el organismo segrega unas hormonas, las endorfinas, que actúan como antidepresivos naturales y crean bienestar.

Paso 2

Cambie el entorno, aunque no siempre es posible. Aléjese de la situación que le causa estrés. Esto puede significar cambiar de trabajo, mudarse, abandonar el hogar... Medítelo bien antes de adoptar una decisión.

Paso 3

Habituarse. Desensibilícese a la situación estresante afrontándola frecuentemente y aprendiendo a relativizar.

Paso 4

No se deje arrastrar por las situaciones: aliméntese convenientemente, respete las horas de la comida, haga ejercicio y duerma de forma adecuada. No consuma somníferos ni se estimule con sustancia alguna. Es más fácil tolerar el estrés con un cuerpo en buenas condiciones.

Paso 5

Haga que su mente se distraiga de los problemas inmediatos dedicando un tiempo a sus aficiones. Concéntrese en actividades que le permitan desconectarse del mundo.

Paso 6

Acepte los sentimientos de estrés y no permita que lo alarmen. La solución al estrés no pasa por obsesionarse con él ni tampoco ignorarlo, sino por encontrar formas creativas de apartarlo.

Paso 7

Ayude a los demás. El hombre es un animal social y necesita ayuda de los demás. Si puede ganarse y recibir la gratitud de otras personas y mostrar gratitud hacia los demás, podrá compartir los problemas y afrontar mejor el estrés. No se aísle, aprenda a relacionarse con los demás y a hacer un frente común (recuerde: «hoy por ti, mañana por mí»).

Paso 8

Aprenda a bajar el nivel de tensión. Iníciese en alguna técnica de relajación. La psicología ha demostrado que el estado de relajación de los músculos es incompatible con la ansiedad, por lo que relaje su mente aprendiendo a relajar su cuerpo. Esté atento a las primeras señales de «peligro», que normalmente corresponderán a tensión en algunos músculos, y ponga remedio de inmediato. No se sienta culpable de dedicar un tiempo a relajarse, piense que su trabajo mejorará. Al contrario, si persiste en ignorar las señales de alarma de su cuerpo, es cuando se resentirá su rendimiento.

❖ ❖ ❖

Relajación en la vida diaria

Conduciendo

La relajación no es una ciencia difusa o pura teoría, sino algo que se puede aplicar con éxito en la vida diaria. Puede ser que, al principio, note que está demasiado pendiente de si sus músculos permanecen relajados o no, pero no se preocupe: cuando pase la novedad, obtendrá buenos resultados sin tener que observar su cuerpo tan detenidamente.

Asegúrese primero de que, cuando conduce, mantiene una buena postura, con la espalda apoyada en el respaldo (que no debe estar demasiado hacia atrás) y la cabeza en el reposacabezas. Tan importante como mantener una buena postura general es tener conciencia del cuerpo para relajar hombros, dedos de las manos, pies y piernas.

Si ha de conducir durante mucho tiempo, pare de vez en cuando para realizar unos cuantos ejercicios. También puede hacerlos si está en un atasco o, incluso, ante la parada de un semáforo.

Un conductor frustrado y agresivo es un peligro para sí mismo y para los demás. Cuando uno se encuentra en ese estado de ánimo, los hombros se muestran contraídos y encorvados, el cuello se proyecta hacia delante, los dientes se mantienen apretados y las manos agarran el volante de forma crispada. Todo esto añade tensión innecesaria a los músculos.

Ejercicios

Eche los hombros hacia atrás y mantenga los brazos también un poco hacia atrás, de forma que sienta cómo sus hombros se estiran; suba la caja torácica y enderece la espalda. Eleve los hombros hacia arriba. Este ejercicio relaja tanto los hombros como la parte baja de la espalda. Para finalizar, presione esta parte de la espalda contra el asiento, tensando los músculos abdominales para ayudar a presionar.

Cogiendo el volante, ponga los brazos rectos y presione su cuerpo contra el asiento. Asegúrese de mantener la espalda bien derecha para estirar su espina dorsal. Debe sentirse como si su cabeza estuviera presionando hacia arriba para tocar el techo, y la rabadilla, hacia abajo. Lleve los hombros hacia abajo de forma que note cómo se estiran y cómo su cuello se endereza. Presione y relaje el cuerpo alternativamente a la vez que respira de forma regular.

Luego efectúe lentos círculos con la cabeza, a un lado y a otro.

Para relajar las manos, sacúdalas. Cierre con fuerza el puño y, seguidamente, estire sus dedos todo lo que pueda.

Ponga sus manos una encima de la otra, de forma que queden cogidas. En esta posición es imposible mantener la tensión. Cuando se siente, cójase las manos de esta forma y así evitará la tensión.

Si nota que está muy nervioso, antes de conducir tómese varios minutos para relajarse. Haga algunos ejercicios e intente pensar en cosas agradables.

Comprando

Comprar puede ser agotador y estresante. Intente tomarse un descanso antes de sentirse realmente fatigado. Aunque vaya a comprar poco, utilice un carrito con ruedas siempre que pueda, y si no, lleve el peso de la compra entre los dos brazos.

Si le duele la parte superior de la espalda debido a la tensión, puede realizar algunos ejercicios sencillos antes de que el dolor vaya a más.

Ejercicios

De pie, separe un poco las piernas de forma que mantenga una postura natural. Inclínese algo hacia delante y deje sus brazos colgando. Sacúdase un poco de forma que sus brazos se muevan y deje que se detengan gradualmente, sin ejercer fuerza alguna. Si hace este ejercicio en casa, pida a alguien que compruebe lo relajados que se mantienen. Debe elevar uno de sus brazos y sentir que está pesado. Cuando su ayudante deje el brazo, éste debe caer inmediatamente sin resistencia.

Sacuda un brazo con un movimiento rotatorio desde su muñeca hasta su hombro, de forma que los músculos del brazo se bamboleen. Mantenga el brazo colgando hacia abajo. Para una mayor relajación, puede sacudir todo el cuerpo.

Levante sus brazos a la altura de los hombros y déjelos caer de forma que vayan hacia atrás y sobrepasen sus muslos (fig. 1). Puede hacer durar este ejercicio el tiempo

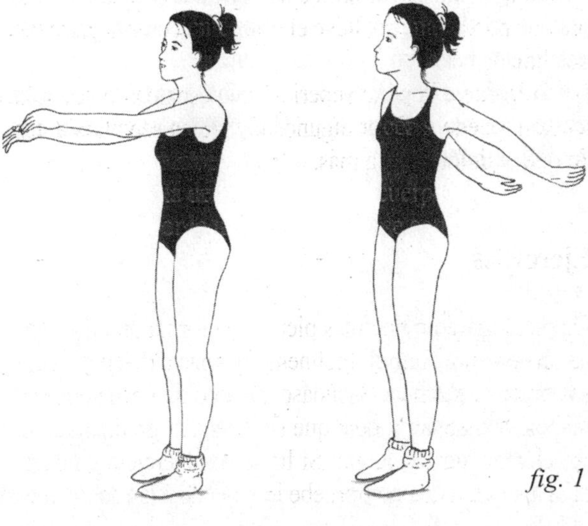

fig. 1

que quiera. Debe mantener los brazos relajados y tener la sensación de que van sueltos.

Finalice moviendo los brazos hacia atrás en un círculo completo. Este ejercicio mantiene la movilidad.

Haga círculos hacia atrás con uno de sus hombros y, posteriormente, con el otro. Acto seguido, repita este movimiento con ambos hombros a la vez.

Para el cuello, no hay nada como la siguiente secuencia de ejercicios, que deben ejecutarse lentamente. Diga primero que sí con la cabeza, es decir, llevando la barbilla hasta el pecho y echando la cabeza hacia atrás todo lo que pueda.

Luego lleve la cabeza hacia un lado y hacia otro y, seguidamente, diga que no. Termine con lentos círculos completos hacia un lado y hacia otro.

Asegúrese de que aguanta su cabeza en el centro y no en un lado o hacia delante. Una mala postura crea una tensión innecesaria.

En las tareas del hogar

Para evitar el aburrimiento y las tensiones, las tareas del hogar deben hacerse de la forma más rítmica y activa posible. Asegúrese de que no limita sus movimientos para evitar cansar unos músculos determinados y, cada hora, tómese 5 minutos para relajarse, estirar músculos y reactivar la circulación.

Además de los ejercicios especificados en el apartado dedicado a la compra, puede realizar los siguientes:

Ejercicios

Dé palmadas a sus músculos. Además de relajarlos, este ejercicio los tonifica, por lo que es especialmente interesante para los muslos y el abdomen.

Haga un gran círculo con su cuerpo, en un movimiento lento y armonioso. Empiece por doblar las rodillas y la cintura hacia un lado, y con el brazo de ese lado trace el círculo estirándose lo máximo posible. Cuando se halle en el centro, señale el techo con el dedo, estírese todo lo que pueda y continúe el círculo hacia abajo hasta completarlo. Repita con el otro brazo (fig. 2).

fig. 2

Separare un poco las piernas y distribuya su peso uniformemente sobre ambos pies. Deje caer sus brazos a ambos lados del cuerpo. Gire su cuerpo de forma que sus hombros y sus caderas se dirijan hacia el mismo lado. Entonces, diríjase hacia el otro lado, manteniendo siempre los brazos sueltos. Este debe ser un movimiento rítmico, de un lado a otro, mientras los brazos «flotan».

De pie, con los pies un poco separados, suba los brazos oblicuamente desde los lados. Mantenga la posición unos instantes con su cuello extendido y los hombros relajados, y deje que sus brazos bajen desmayadamente de forma que se crucen frente a usted. Mantenga el cuerpo erguido. Acto seguido, eleve sus brazos hacia los lados hasta que las palmas de las manos se toquen sobre la cabeza ligeramente. Vuelva a dejar caer los brazos y déjelos que se crucen de nuevo frente a usted. Repita el ejercicio completo varias veces siguiendo el ritmo. Constituye un ejercicio muy relajante que da la sensación de volar.

En la oficina

Trabajar durante largos períodos en una mesa, particularmente ante una pantalla de ordenador, puede inducir a adoptar posturas perjudiciales para la espalda. Los vicios más extendidos consisten en encorvarse o no alinear correctamente la parte baja de la espalda.

Cada hora debería levantarse para estirar el cuerpo y airearse, además de efectuar unos cuantos ejercicios que sirvan para relajarse.

Hacer estos sencillos ejercicios de estiramiento le permitirán aligerar tensiones, facilitar la circulación sanguínea y oxigenar el cerebro.

Ejercicios

Sentado, repose las manos sobre la falda, relaje los hombros y estire el cuello presionando con la oreja izquierda su hombro izquierdo. Lentamente, enderece la cabeza y gírela todo lo que pueda hacia el lado izquierdo. Vuelva a presionar su oreja contra el hombro. Repita el ejercicio con el lado derecho (fig. 3a)

Siéntese derecho en la silla y deje que su cabeza se dirija hacia delante, curvando la columna para acompañar el gesto. Espire lentamente mientras continúa el movimiento, dejando que los brazos caigan hacia el suelo, hasta que el pecho descanse sobre los muslos, que intentará relajar durante el proceso. Mantenga unos instantes la cabeza en esta posición baja, pero no mucho tiempo para evitar un posible aturdimiento. Inspire mientras devuelve lentamente su cuerpo a la posición de partida (fig. 3b).

Luego siéntese hacia atrás en la silla, con ambas nalgas tocando el asiento; suba la caja torácica, meta el estómago y mantenga las manos a los lados. Estirando el cuerpo lateralmente, dirija el brazo extendido hacia el suelo lo más lejos que pueda sin balancearse. Repita hacia el otro lado. Con este ejercicio evitará la rigidez de la columna.

En el caso de que la silla tuviera apoyabrazos, ponga un brazo en uno de ellos y dirija el otro por encima de la silla, hacia un lado, de forma que note el estiramiento lateral (fig. 3c).

Para descansar los ojos, mire hacia arriba todo lo que pueda, sin forzar la vista ni mover la cabeza. Diríjalos hacia la derecha, luego hacia la izquierda y, seguidamente, hacia abajo. Descanse.

Ahora sostenga el dedo índice frente a la cara y enfóquelo. A continuación, mire al fondo. Vuelva a enfocar el dedo y, instantes después, otra vez el fondo. De esta forma usará los diferentes músculos del ojo cada vez que cambie su distancia de visión y así evitará cansar la vista (fig. 3d).

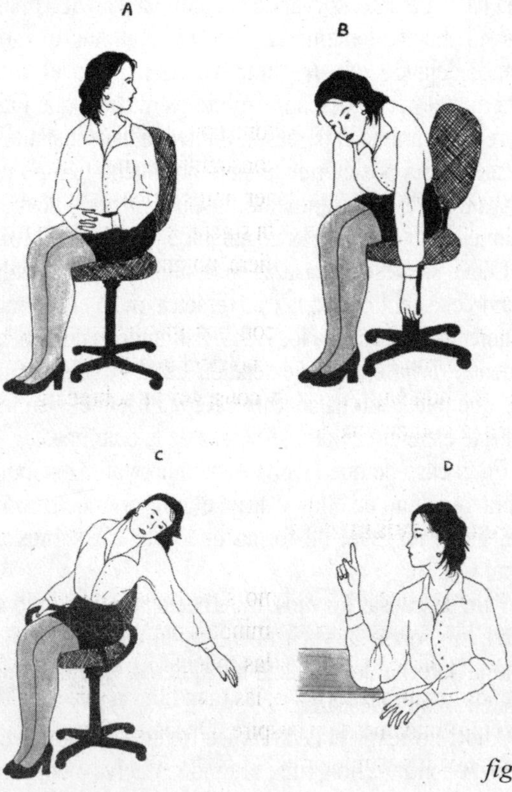

fig. 3

Un ejercicio muy aconsejable para los ojos consiste en cubrirlos con las manos de forma que no entre luz, y manteniéndolos abiertos e inmóviles durante unos momentos.

Al teléfono

Ni se le ocurra sujetar el teléfono con el hombro y la cabeza: es la mejor manera de conseguir un dolor de cuello perpetuo. Si necesita mantener libres ambas manos, consiga un aparato que le permita sujetar el teléfono sin tener que torcer el cuello o adquiera un modelo de «manos libres».

Si aguanta el auricular con una mano, no crispe los dedos en torno al teléfono y no deje que la espalda y el cuello se hundan. Así sólo conseguiría sobrecargar de tensión la columna vertebral.

Relajación relámpago

Si trabaja en una mesa, como sucede habitualmente en una oficina, tómese algunos minutos para colocar la frente sobre la parte externa de las manos. En esta posición, relaje los hombros, el cuello, las mandíbulas y la espalda. Espire profundamente y suspire. Observe su respiración durante dos o tres minutos.

Este método de relajación puede hacerse sentado en una silla. Curve la espalda de manera que el vientre quede sobre los muslos y relaje el cuello y los brazos, que dejará sueltos. Respire tranquilamente y, mientras espira, déjese llevar por la gravedad.

❖ ❖ ❖

Relajar el cuerpo

Requerimientos previos

Debe decidirse a realizar los ejercicios con regularidad porque, de lo contrario, no serán efectivos. Decida, así mismo, cuánto tiempo quiere dedicarles al día y qué número de sesiones serán suficientes. No peque de demasiado ambicioso, más vale realizar dos o tres sesiones al día, de unos minutos de duración, o una sesión algo más larga y varios ejercicios sencillos para desentumecer su cuerpo durante el día.

Tómese su tiempo. Se trata de proporcionar al cuerpo y a la mente un descanso y, por lo tanto, debe hacerse con los cinco sentidos puestos en ello y con toda la tranquilidad del mundo. Aprenda a dedicarse el tiempo que necesita para recuperarse sin sentirse culpable o sin convertir la relajación en una obligación desagradable.

Cualquiera que sea la disciplina que adopte, debe iniciarse en ella de forma progresiva con el fin de preparar los músculos para un incremento de la actividad. Utilice las articulaciones respetando sus movimientos naturales.

Durante las primeras sesiones, evite los ejercicios que puedan forzarlas.

No abandone nunca bruscamente una actividad. Tanto si hace deporte (gimnasia, correr, nadar, tenis...) como si utiliza cualquier técnica de relajación, termine con estiramientos suaves y con ejercicios respiratorios.

No intente relajarse a la fuerza: la impaciencia es su peor enemiga. Procure estar en paz y observe atentamente su respiración; concentrándose en ella pronto conseguirá sus propósitos.

Para realizar ejercicios de relajación no se necesitan grandes medios, pero sí son imprescindibles una serie de condiciones muy sencillas.

El lugar

Debe estar bien ventilado para que no haya malos olores y el aire sea lo más puro posible.

Reserve, si es posible, una habitación de su casa a la relajación. Puede decorarla con carteles que muestren escenas de la naturaleza o pintarla de un color relajante, como el verde.

También puede realizar sus ejercicios en un rincón de la sala de estar o del dormitorio habilitado para tal fin. Sobre todo, el lugar que escoja debe ser silencioso, tranquilo y relajante.

Si hay ruidos exteriores use tapones de cera.

La luz debe ser muy suave. Si no hay forma de evitar una luz molesta, cúbrase los ojos con un pañuelo o algo parecido.

Mantenga la temperatura de la habitación en un punto en que resulte cómoda y que permita la relajación muscular. Al final de la sesión, no dude en subirla porque el cuerpo tenderá a enfriarse. Si no es posible subirla, tápese con una manta o saco de dormir.

El momento

Lo mejor es practicar la primera sesión, y la más larga e intensa, al levantarse por la mañana. Si tiene problemas para conciliar el sueño, realice unos cuantos ejercicios antes de acostarse. No ponga en práctica un programa demasiado intenso por la noche porque, entonces, puede producirse el efecto contrario al tener que concentrar demasiado su mente en el entrenamiento.

Si se inicia en disciplinas como el yoga o los estiramientos, flexibilizará la columna vertebral, suprimirá tensiones y predispondrá el cuerpo a la relajación.

En estos momentos nadie debe molestarlo. Sería preferible que estuviera solo en casa, pero, si no es así, pida a los demás que no se dirijan a usted bajo ningún concepto.

Si alguien lo interrumpe mientras está relajándose, no se levante inmediatamente porque podría marearse o encontrarse mal. Haga unas inspiraciones muy profundas y rápidas y vaya saliendo lentamente de la relajación. No hay nada que no pueda esperar un minuto.

La indumentaria

Debe ser cómoda y flexible, preferiblemente de fibras naturales como el algodón. Si quiere realizar algún ejercicio en la oficina, aflójese el cinturón, la corbata o cualquier otra prenda que lo apriete o comprima, y quítese los zapatos.

La duración

Depende por supuesto del tiempo disponible y de su nivel de entrenamiento. Con un poco de práctica será capaz de relajarse en profundidad en unos cinco o seis minutos, pero a veces también puede desear colocarse en posición de relajación durante un tiempo prolongado (una hora u hora y media). En este caso, debe volver a adquirir la conciencia de su mente y de su cuerpo haciendo ejercicios suaves de estiramiento y respiración.

La postura

Una mala postura del cuerpo puede crear nerviosismo, malestar general e impedir que la relajación surta efecto.

La tensión y la falta de descanso, ayudados por una postura deficiente, pueden crear agotamiento o depresión, y estos síntomas se manifiestan en una incorrecta alineación del cuerpo.

Para prevenirlo, obsérvese delante de un espejo detenidamente. Piense que existe relación entre la posición del cuerpo y sus sentimientos y equilibrio interiores:

- **Permanezca de pie** ante un espejo sin tratar de adoptar ninguna postura en particular. Debe quedarse de pie, tal como haría normalmente, y observar su reflejo.
- **Mire su cabeza y su cuello**. ¿Parece que su cuello está forzado, rígido o en tensión? ¿Parece que su cabeza está bien sostenida en su cuello y en sus hombros, o está torcida hacia un lado? ¿Está desplazada

hacia delante o hacia atrás? ¿Se sostiene rígidamente y de forma poco natural?

- **Mire su cara**. ¿Aparecen arrugas de preocupación? ¿Su cara parece mayor que el resto del cuerpo? Si está sometido a demasiada tensión, tiene excesivas cosas en la cabeza y no ha aprendido a desconectar, ¿su mandíbula muestra síntomas de tensión? ¿Tiene los labios y la boca apretados con fuerza? Todo ello indica nerviosismo, falta de seguridad en uno mismo e importantes síntomas de estrés. ¿Su barbilla está demasiado alta o baja?
- **¿Uno de sus hombros está más alto que el otro?** ¿Sus hombros permanecen subidos y contraídos? ¿Están echados hacia delante? Los hombros subidos, encorvados o caídos pueden indicar baja autoestima o una gran actividad mental y tensión, que puede llegar al cuello.
- ¿**Sostiene sus brazos** rígidamente a los lados o, por el contrario, están relajados? Los brazos rígidos indican tensión.
- **¿La zona de su estómago está débil y flácida?** ¿Se mueve usted y reacciona ignorando esta área central? Ello puede significar que ignora sus sentimientos más profundos, que actúa como si no existieran.
- **Mire su torso**. ¿Está inclinado? Eso indica falta de autoestima. ¿Aparece como desplomado? Refleja pasividad. ¿Sus caderas están demasiado hacia delante o demasiado hacia atrás en lugar de permanecer equili-

bradas y distribuir el peso de forma adecuada? No debe curvar la parte superior de la espalda ni la parte inferior. Su cuerpo tiene que estar relajado y apoyado en los dos pies, con el peso bien distribuido entre ambos. Esté atento a que el peso no se descargue demasiado en los talones o en la parte anterior del pie, y observe si sus zapatos se desgastan más de una zona que de otra, sobre todo, en la zona de los tacones.

Los hombros y la caja torácica deben permanecer bien equilibrados con la pelvis y las caderas. Mantenga la caja torácica alta y el estómago metido para que soporte bien los órganos internos. Su postura debe ser cómoda: no sobrecargue la parte baja de la espalda ni tense los hombros ni las rodillas porque su columna sufrirá. Debe mantener la espina dorsal estirada, imaginando que la rabadilla presiona hacia el suelo mientras su cabeza lo hace hacia el techo.

Procure ser consciente siempre de su postura, especialmente si se siente cansado o aburrido o siente algún dolor.

Al sentarse, preste especial atención. Asegúrese de que su silla tiene un soporte adecuado para su columna y que se mantiene derecho en ella en lugar de hundirse. Siéntese sobre ambas nalgas, equilibrando el peso entre ellas, y no cruce las piernas porque entorpece la circulación sanguínea.

Corregir la postura

De pie, ponga la espalda contra la pared. Mantenga sus talones lo suficientemente distantes para que sólo la espalda y los hombros la toquen. Presione la pared con la parte baja de la espalda hasta sentir que el trasero empieza a esconderse y los músculos del estómago empujan para enderezar la columna.

Piense en aliviar la tensión de sus hombros. Incline un poco la cabeza hacia delante para estirar el cuello e imagine que una cadena sube su cabeza hacia el techo mientras mantiene los pies firmes en el suelo. Su columna debe sentir el estiramiento.

Relaje la mandíbula. Las rodillas deben estar un poco dobladas, y los huesos de la cadera, bien asentados. Todos sus miembros deben estar relajados. Dé un paso hacia delante. Camine cuatro pasos más. Relájese un poco, pero trate de mantener esta buena postura mientras se mueve.

Quizá le cueste un poco que esta postura exagerada se convierta en más cómoda y natural, pero, en líneas generales, debe procurar que su cuerpo tienda a adoptarla, ya que es la más correcta.

Reconocer la tensión muscular

Antes de aprender a relajarse, debe ser capaz de reconocer la tensión. Algunas personas han adquirido el hábito de tensar sus músculos habitualmente durante años y, por este motivo, no se dan cuenta de que los llevan siempre contraídos: aunque se les pida que relajen el músculo, no son capaces porque el «estado normal» de éste es la tensión.

Existen varios métodos para darse cuenta de que un músculo está tenso.

Tocar

Una de las formas más efectivas de reconocer la tensión que podemos ir acumulando es tocar diversos músculos para saber distinguir los diferentes grados de tensión y relajación. Puede realizar este reconocimiento en usted mismo o en otra persona.

Toque la parte alta de su brazo con la mano contraria. Suba el brazo y compruebe cómo el músculo se tensa debido al esfuerzo. Deje caer el brazo a su lado y sienta la diferencia: en esta posición, el músculo tiene que estar blando y podrá coger sin dificultades la carne entre sus dedos.

Ahora haga como si estuviera a punto de subir el brazo, pero no lo mueva. Compruebe la tensión: note esa sensación, este es el estado en que se hallan sus músculos cuando se preparan para la acción. Vuelva a relajar el brazo y sienta cómo se vuelve blando: ése es el estado de relajación.

Tensión en las manos

Con una mano, agarre con fuerza la muñeca de la mano contraria. Luego sostenga en el aire la mano agarrada y establezca las diferencias entre ambas manos: sienta la tensión de la mano que sujeta y la relajación de la mano que es sostenida. Ahora afloje completamente la tensión y sienta la diferencia: los dedos de la mano de arriba están relajados y la mano de abajo se tensa para soportar la otra.

Trate de notar durante el día cuándo tiene las manos rígidas. Observe también a otras personas.

Tensión en el cuello

Sienta los músculos de detrás del cuello cogiéndolo como si estuviera levantando un gato por el pescuezo. Si su cabeza se aguanta naturalmente, sus músculos estarán blandos. Tenga en cuenta que, cuando permanece sentado o de pie, los músculos del cuello deben estar relajados.

Sin soltar el cuello, incline lentamente la cabeza hacia delante, hacia una posición en la que deben estar tensos sus músculos. Debe sentir cómo esos músculos se endurecen bajo su mano e, incluso, en algunas ocasiones podrá sentir diversos grados de tensión en ellos.

Contrastar la contracción y la relajación

Muchas personas reaccionan al estrés adoptando una postura de alerta que les permita estar listos para la acción: los tobillos se tensan y se preparan para correr, los hombros suben, la columna se endereza...

Para reconocer la tensión, contraiga sistemáticamente cada grupo de músculos del cuerpo y, seguidamente, relájelos: es lo que se conoce como relajación muscular progresiva, método creado por Edmund Jacobsen. Empiece por los brazos, que apretará fuertemente para soltar unos instantes después, y continúe por la cabeza y los músculos faciales, los hombros, las piernas... Se trata de tensar los músculos para relajarlos al instante: apriete los puños, flexione los bíceps, tense los tríceps, suba las cejas y mantenga en tensión la cara, cierre los ojos fuertemente, abra la boca todo lo que pueda, eche la cabeza hacia atrás, suba los hombros todo lo arriba que pueda y échelos hacia atrás, ponga los brazos paralelos y ténselos, contraiga los músculos del abdomen, arquee la espalda, tense las nalgas y los muslos, tense las pantorrillas, y tense los pies separando los dedos. Relaje los músculos después de cada uno de estos ejercicios.

Además de servir para aprender a identificar la tensión, este método también es útil para relajarse.

❖ ❖ ❖

Posturas para la relajación

Una de las mejores posiciones para relajarse completamente es tenderse boca arriba con los brazos extendidos oblicuamente con relación al cuerpo, las palmas hacia arriba y las piernas separadas naturalmente, a una distancia algo mayor que la anchura de las caderas, y con los pies hacia fuera.

Para adoptar esta posición sin curvar la espalda en exceso, siéntese en el suelo con las piernas en paralelo. La espalda tiende a caer hacia atrás, bajando paulatinamente, vértebra a vértebra.

Con el fin de frenar esta progresión, coloque las manos debajo de las rodillas o de los muslos. Ponga los dedos detrás de la cabeza y lleve el mentón lo más hacia atrás posible para disminuir la curva cervical. Los pies deben apoyarse por completo en el suelo. Baje primero una pierna, dejándola caer lentamente hacia un lateral, y después la otra. Trate de apoyar completamente la parte baja de la espalda para estirarla.

Si tiene problemas en la parte inferior de la espalda, tiéndase cómodamente en el suelo con las piernas dobladas sobre una silla. Esta postura estimula la circulación sanguínea. En caso de que el problema sea menor, disponga un cojín o una manta doblada debajo de los muslos.

Si tiene molestias cervicales, coloque un cojín o una manta debajo de la nuca.

Sin embargo, si no puede adoptar esta posición cómodamente, existen otras posturas igualmente eficaces:

- **Postura de la momia**. Tumbado boca arriba, con los brazos cruzados sobre el pecho y los dedos bajo las axilas. Las piernas, extendidas, deben estar cruzadas. Esta postura (fig. 4) conserva un mayor calor interno durante la relajación.

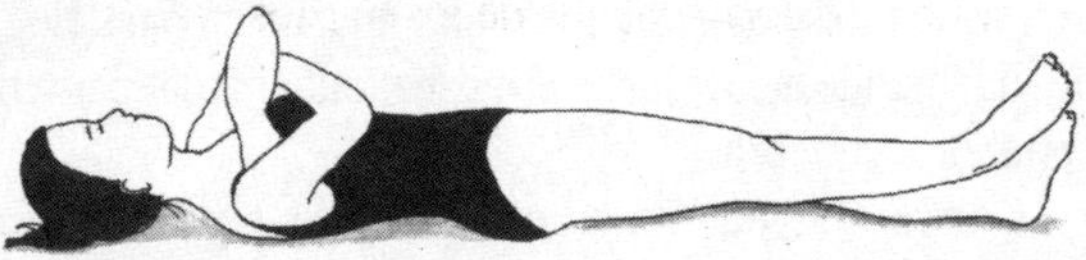

fig. 4

- **Postura del durmiente**. Se adopta boca abajo y relaja los músculos abdominales. Tiéndase en el suelo con la pierna derecha extendida y la izquierda flexionada lateralmente, de forma que extienda las caderas. A lo largo del cuerpo extienda el brazo derecho con la palma hacia arriba y disponga el brazo izquierdo por encima de la cabeza (fig. 5).

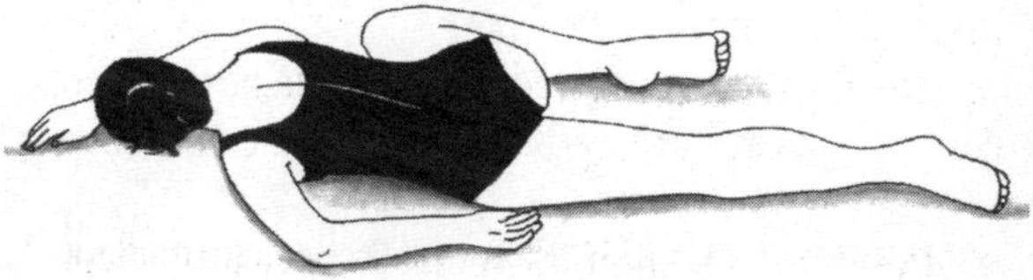

fig. 5

- **Sentarse con la espalda apoyada contra la pared**. Las piernas permanecen algo abiertas, los pies se dirigen hacia los lados, y las manos, con las palmas hacia arriba, se dejan encima de los muslos.

Respiración y relajación

La respiración es fundamental para sentirse relajado y sano. Para conseguir que los pulmones se llenen adecuadamente de aire es necesario respirar de forma rítmica con el diafragma. Los ejercicios que siguen ayudan a desahogar la tensión y tienen efectos tranquilizantes.

Para saber si respira correctamente con el diafragma, ponga una mano sobre la parte superior del tórax, y la otra, en el borde inferior de la caja torácica, donde comienza el abdomen. Si este borde inferior se hincha y el estómago sobresale cuando se comienza a inspirar, es que respira correctamente. Si sólo se mueve la caja torácica, entonces no respira bien. Este tipo de respiración constituye un síntoma de estrés.

Los ataques de ansiedad se relacionan, normalmente, con la hiperventilación. Controlar la respiración en esos momentos puede atajar los síntomas. Si padece mareos, desmayos, sudación, aturdimiento, palpitaciones y dolor de pecho es que sufre hiperventilación de forma habitual.

La respiración insuficiente produce, a su vez, síntomas de ansiedad que empeoran la respiración. Estos efectos se deben a que la respiración torácica provoca que el cuerpo elimine demasiado dióxido de carbono y la sangre sea excesivamente alcalina. Por ello, los vasos sanguíneos cerebrales se estrechan y dificultan la circulación de oxígeno, lo cual produce desagradables síntomas.

Para corregir la respiración torácica mire fijamente hacia delante e inspire sólo por la nariz. No haga ruido: si oye la respiración es que la está forzando. Inspire profunda y lentamente, contenga el aire antes de espirar y mueva los labios como si dijera la palabra «relajación».

Procure mantener siempre una buena postura porque así facilitará una correcta respiración.

Para empezar a trabajar con su respiración, colóquese de pie, sentado o tumbado, y estírese y desperécese despacio, recreándose en su cuerpo y en su respiración. Luego descanse y piense sobre lo que ha pasado con su respiración.

Control de la respiración

Practicando este ejercicio conseguirá respirar de forma más profunda y regular. Concéntrese en levantar el abdomen al inspirar y llene de aire la parte inferior, media y superior de los pulmones sintiendo en todo momento cómo el aire penetra en su cuerpo.

Contenga el aliento y sienta cómo se expanden las costillas en la parte anterior y posterior del cuerpo.

Al soltar el aire, contraiga el diafragma como si fuera un fuelle, acercándolo a la espina dorsal. Vacíe completamente de aire los pulmones antes de respirar de nuevo.

Apriete la ventana derecha de la nariz con el pulgar derecho y respire por la ventana izquierda contando hasta ocho (puede empezar contando hasta cuatro). Luego cierre con el índice la ventana izquierda y contenga la respiración contando hasta ocho.

Quite el pulgar de la ventana derecha y suelte el aire contando hasta ocho, manteniendo el índice en la ventana izquierda. Haga el ejercicio empezando por la ventana izquierda de la nariz.

Ejercicio para tranquilizarse

Se necesita un poco de tiempo para aprenderlo bien. Inspire por la nariz contando lentamente hasta cuatro (a medida que practique el ejercicio, puede aumentar la cuenta progresivamente hasta ocho). Contenga la respiración durante cuatro, seis u ocho segundos. Comience a espirar y cuente hasta cuatro, seis u ocho. Expulse todo el aire. Cuando llegue al último número, reinicie el ejercicio.

Ejercicios de relajación muscular localizada

Para introducirse más fácilmente en un estado de relajación, debe efectuar ejercicios de estiramiento activo, contracciones y relajaciones.

Durante todos estos ejercicios debe seguir un consejo: al inspirar, estire una parte del cuerpo. Con los pulmones llenos, estire esa zona o contráigala más (dependiendo del tipo de ejercicio que esté realizando) entre seis y siete segundos. Al espirar, deje el cuerpo «muerto».

Bostezo y contracción

Al levantarse, o en cualquier momento del día, ejecute este ejercicio para despertar todo su organismo.

Inspire con la boca abierta, alce los brazos y dóblelos. Coloque los puños apretados entre el hombro y la oreja. Contenga la respiración y contraiga los hombros, los brazos, los puños, la cara y la parte alta de la espalda.

Proyecte el pecho hacia delante para levantarla. Espire ampliamente por la boca mientras relaja todas las partes del cuerpo que ha contraído previamente.

Cabeza y cuello

La lentitud es la clave de estos ejercicios, que deben practicarse estirando el cuello al máximo. Al dejar caer la cabeza, concéntrese en su peso, cierre los ojos y suelte la mandíbula:

- Asienta lentamente con la cabeza estirando el cuello todo lo que pueda.
- Manteniendo la cabeza derecha, vuélvala diez veces de un lado a otro, lentamente, y luego, otras diez veces de forma más rápida.
- Deje caer lentamente la cabeza hacia un lado y hacia otro.
- Efectúe rotaciones lentas en un sentido y en otro; realice tres rotaciones completas por lado.

Cuello y hombros

Alterne los movimientos de subir y encoger hombros, juntos o por separado, con rotaciones hacia delante y hacia atrás. Mantenga las manos y los brazos totalmente sueltos.

- Suba ambas manos sobre su cabeza y entrelace los dedos con las palmas hacia arriba. Eche los brazos y las manos hacia atrás todo lo que pueda por detrás de las orejas. Repita cinco veces.
- Seguidamente, ponga los brazos a lo largo del cuerpo y entrelace las manos por detrás de la espalda, con las palmas hacia arriba. Lleve los brazos hacia atrás todo lo que pueda.
  Este ejercicio mantiene flexibles los hombros y estira el pecho.
- Póngase de pie, con los pies separados y paralelos, y los brazos estirados por encima de la cabeza. Deje caer la parte superior del cuerpo, con las rodillas relajadas o ligeramente dobladas. No debe forzar las piernas. Mantenga esta posición 40 segundos y relaje brazos, cabeza y hombros. Mueva los brazos y los hombros de un lado a otro, al igual que la cabeza, y luego levante lentamente la parte superior del cuerpo. Repita varias veces. Si lo prefiere, también puede realizar este ejercicio sentado, pero entonces, con las nalgas firmemente apoyadas en el asiento, debe dejar colgar los brazos y piernas pesadamente.

Cara

- Al inspirar, arrugue todos los músculos de la cara, así como la frente, los ojos y la mandíbula. Al espirar, relaje los músculos faciales hasta encontrarse relajado y cómodo.

- Mire con asombro, abriendo tanto como pueda los ojos y la boca. Quédese así unos momentos y relájese.

Ojos

- Cierre los ojos con fuerza, tense los músculos y mantenga esta mueca durante unos 10 segundos. Observe la tensión en los ojos y también la que posiblemente se producirá en todo el rostro. Relaje los músculos oculares lentamente y note la diferencia. Abra los ojos todo lo que pueda y, seguidamente, relaje los músculos faciales mientras cuenta hasta diez.
- Con los ojos cerrados suavemente, mire hacia arriba y hacia la derecha, y sienta cómo actúan los músculos oculares. Centre los ojos y relájelos.
- Mire ahora hacia abajo y hacia la derecha, centre otra vez los ojos para relajarlos y mire seguidamente hacia abajo y hacia la izquierda. Vuelva a relajar y mire hacia arriba y hacia la izquierda.

Mandíbula

- Con la boca abierta o cerrada, desplace la mandíbula suave pero firmemente de izquierda a derecha.

Repita diez veces. Deje caer la mandíbula inferior todo lo que pueda y abra la boca como si estuviera gritando.

- **Con los ojos cerrados**, apriete firmemente los dientes y compruebe cómo este gesto afecta a los músculos de la mandíbula. Relájelos y observe si hay alguna diferencia.

Frente

Arrugue la frente y perciba la tensión. Deje que los músculos se vayan relajando y note la diferencia. Siga relajando los músculos y la relajación se extenderá por toda la cabeza.

Repita este ejercicio diariamente hasta que logre saber siempre cuándo tiene la frente relajada o en tensión; así evitará fruncir el ceño o acumular otras fuerzas en esta zona permanentemente.

Mano

Intente experimentar la sensación de relax en su mano. Deje que ésta se extienda, como si se hiciera grande. Un buen truco puede ser escribir su nombre y dirección unas cuantas veces, dejando que la mano se vaya relajando progresivamente. A medida que la tensión muscular desaparece, el bolígrafo deja de marcar sobre el papel. Si es zurdo, empiece con la mano izquierda, y si es diestro, con la derecha.

Antebrazo

Tiéndase de espaldas. Después de unas cuantas inspiraciones y espiraciones, apoye los codos en el suelo y levante las manos y antebrazos hacia el techo. A continuación, deje caer «muertas» las manos por las muñecas. Repita cinco veces.

Para notar el grado de relajación levante una mano con la otra y déjela caer. Si un brazo le resulta más difícil de relajar, concéntrese en él dejando caer la mano repetidamente.

Brazo

Siéntese y concéntrese en relajar el bíceps. Empiece a notarlo superblando y tóquelo con los dedos de la otra mano para asegurarse. Si el tríceps se tensa mientras relaja el bíceps, no se preocupe, ya que estos músculos trabajan en antagonismo.

Con el tiempo, aprenderá a relajar el brazo entero y a tener dominio de esta tecnica tan sumamente sencilla como eficaz.

Parte superior de la espalda

Siéntese en una silla de respaldo recto y firme, lo suficientemente alto como para que llegue al comienzo de los hombros. Levante los brazos lentamente, con las manos unidas detrás del respaldo de la silla. Trate de juntar los omoplatos. Eche el cuerpo hacia atrás gradualmente, arqueando la parte superior de la espalda por encima del respaldo. Trate de mantener los brazos en el mismo ángulo hacia la espalda.

Región lumbar

La parte inferior de la espalda suele cargarse con frecuencia debido a malas posturas, falta de ejercicio o un embarazo. Para realizar estos ejercicios, no debe forzar la espalda, sino dejar que asuma lentamente la postura que le resulte más cómoda y placentera. Estos ejercicios también pueden servir para relajarse y estirarse después de practicar deporte o como precalentamiento:

- Asuma la postura fetal en el suelo.
- Recuéstese en el suelo con los brazos extendidos. Levante la pierna izquierda doblando la rodilla y pase ésta al otro lado del cuerpo. Vuelva la cabeza en dirección contraria. Mantenga la espalda estirada y permanezca 20 segundos en esta posición. Relájese

y repita con la otra pierna. Este ejercicio requiere perseverancia y tiempo. Cuando lo realice, concéntrese en relajar las caderas, la parte interior de los muslos y los músculos de la parte superior de la espalda.

- **Torsión de pelvis.** Relaje al máximo los músculos de la espalda tendiéndose sobre ella e intentando mantener el máximo contacto posible con el suelo. Apriete a fondo en la zona de la pelvis, debajo y a la derecha del ombligo, y al hacerlo, gire la pelvis ligeramente hacia la derecha hasta que el muslo izquierdo se levante un poco del suelo. Mantenga esta tensión unos instantes. Déjese caer hasta la posición de contacto total con el suelo.

  Sienta la comodidad y relajación después de la tensión anterior, y conserve esta sensación de relax mientras se concentra en su respiración. Repita el ejercicio dos o tres veces, inhalando aire al efectuar la torsión y expulsándolo al recuperar la posición de relajación.

- **Torsión de tronco**. Siéntese en el suelo, con las piernas juntas y estiradas. Inicie la inspiración de aire en cuatro segundos, coloque el pie derecho sobre el muslo izquierdo, lleve la mano derecha detrás de la espalda y sujete la rodilla izquierda con la mano izquierda. Gire el tronco lentamente hacia la derecha todo lo que pueda y gire la cabeza hacia la espalda. Tire de la cintura estirando el tronco hacia arriba. En ese instante, usted habrá llegado al final de la inspiración. Recupere la posición inicial de piernas juntas y estiradas mientras expulsa el aire en otros cuatro segundos. Repita a continuación el ejercicio hacia el lado opuesto.

- **Estiramiento contra las tensiones de la columna.** Arrodíllese con el cuerpo erguido y los brazos colgando a los lados. Descienda las nalgas sobre los tobillos y extienda el tronco hacia delante. Permanezca así todo el tiempo que desee. La cabeza debe estar relajada, y los brazos, extendidos al máximo. No levante las nalgas ni la parte inferior de la espalda y concéntrese en empujar el tronco contra el suelo (fig. 6).

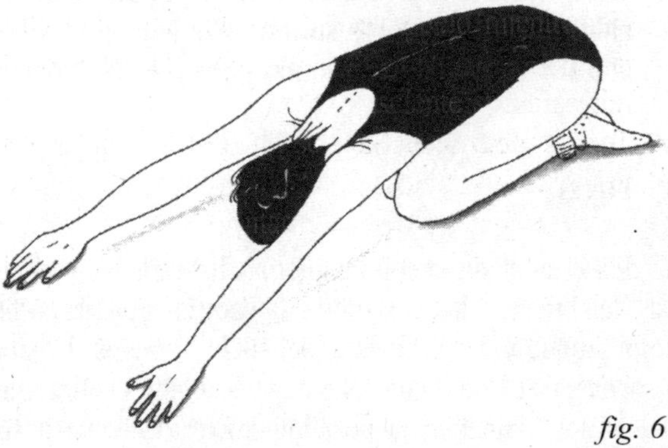

fig. 6

Pies

Los pies suelen permanecer en tensión durante largos períodos, por lo que puede acostumbrarse a que este sea su estado «normal». Practique los ejercicios sin zapatos ni medias o calcetines:

- Concéntrese en mantener los dedos de los pies separados al máximo. Este es un ejercicio que puede realizar en cualquier hora del día y en cualquier lugar para aumentar la movilidad y aliviar la rigidez.
- Póngase de pie, con las rodillas ligeramente dobladas y los pies separados unos 30 cm, y extienda los brazos hacia delante. Póngase de puntillas, manteniendo las rodillas flexionadas, y vuelva luego a la posición anterior. Repítalo unas 20 veces.
- Sentado, cruce la pierna lateralmente, de forma que la pantorrilla quede sobre su muslo, y haga rotaciones con el pie, cinco en un sentido y cinco en el otro.

Piernas

Tiéndase en el suelo con las piernas ligeramente separadas, los brazos a los costados y la cabeza apoyada en un cojín grande y duro. Levante del suelo la pierna derecha y sosténgala de modo que el pie quede a unos centímetros del suelo. Mantenga la posición mientras cuenta hasta cinco. Al principio notará una sensación de hormigueo en la pantorrilla y demás músculos de la parte inferior de la pierna. Mantenga esta postura mientras cuenta lentamente hasta 20. Para aprender a identificar la tensión, toque con el dedo el músculo del muslo y lo notará tenso. Cuente otra vez hasta 20 lentamente. Es posible que empiece a notar tensión en el talón, la cadera y el hombro izquierdos. Recupere la posición inicial y respire suavemente 10 veces. No tenga prisa: si nota que algo no funciona, pare unos segundos y prosiga. Si comprueba la parte anterior del muslo derecho con el dedo, podrá notar cómo ahora está relajado.

Repita este ejercicio tres veces con la pierna derecha y otras tres con la izquierda. A medida que efectúe el ejercicio, intente anticipar las sensaciones: piense en la relajación cuando tiene la pierna levantada e intente sentir esa sensación, y en la tensión, cuando la tiene en reposo, y compárelas con lo que siente en realidad cuando llega el momento.

Rodillas

Póngase de pie. Con la pierna extendida dé una patada hacia delante desde la rodilla, manteniendo el pie relajado. Repítalo diez veces con cada pierna. No levante la pierna demasiado y relájela inmediatamente después de cada patada.

Relajación general

- **Colgarse de una barra**. Colgado por las manos del marco de una puerta o de una barra, estire el cuerpo sin que los pies toquen al suelo. Concéntrese en relajar todos los músculos y no se balancee. Otra opción es colgarse de la barra por las rodillas.
- **Estiramiento de todo el cuerpo**. Tendido boca arriba, inspire y estire los brazos a cada lado de la cabeza, y también las piernas, con los pies flexionados, llevando los talones lo más lejos posible. Procure que la parte baja de la espalda no pierda el contacto con el suelo. Al espirar, deje el cuerpo «muerto» y permita que actúe la elasticidad natural de músculos y ligamentos. Repita el ejercicio tres o cuatro veces. También puede realizar este ejercicio estirando sólo un lado para notar mejor las diferencias entre relajación y tensión. Mantenga el estiramiento de seis a siete segundos.

Técnica relajante de emergencia

Hay muchas ocasiones estresantes en las que es necesario decir «basta» y apelar a una técnica de relajación que impida, de forma rápida, que la tensión crezca, especialmente si no existe manera de aliviarla con alguna actividad física.

Cuando un empleado es humillado por su jefe, un vendedor tiene que sufrir a un cliente insufrible, un chófer está exasperado por las condiciones del tráfico o, debido al estrés acumulado, alguien sufre un ataque de pánico ante algo que debe hacer, es el momento de poner en marcha una sencilla táctica de emergencia.

Recuerde que el estrés mental disminuye cuando relaja los músculos. Esto es cierto por muy adversas que sean las condiciones y aunque se halle en un sitio en el que sólo pueda realizar una relajación parcial.

Todo el mundo puede relajarse, pero cuanto más se deje crecer el estrés, más difícil será. Reconozca sus sentimientos de tensión, tanto si le parecen poco intensos como si le parecen demasiado alarmantes, y use una técnica para pararlos.

Dígase de forma severa y enérgica a sí mismo: «¡basta!». Esto significa que deja de ser tan exigente consigo mismo, de pensar siempre lo peor, de sobrecargarse de trabajo... Entonces, respire y contenga la respiración por un momento. Exhale lentamente y, mientras lo hace, relaje sus hombros y manos. Haga una breve pausa y respire otra vez. Ahora, mientras espira lentamente, aún más lentamente que antes, relaje su frente y su mandíbula.

Permanezca quieto durante unos segundos y entonces siga con lo que estaba haciendo, pero muévase más lenta y tranquilamente. Si tiene que hablar, hágalo un poco más suave y lento que de costumbre.

Esta técnica de relajación puede realizarse en cualquier lugar sin que nadie lo note y es muy efectiva.

Otro ejercicio de relajación muy rápido y eficaz consiste en elegir una palabra que para usted simbolice relajación, como «paz», «tranquilidad» o cualquier otra, y grite esa palabra en su mente.

Repítala seis veces, cada una de ellas reduciendo el volumen de su voz hasta que finalmente se convierta en un susurro.

Cuando haya experimentado este proceso, repita el ejercicio para aumentar la relajación y la tranquilidad.

Relajación profunda

La relajación profunda se produce cuando los músculos voluntarios se relajan con el cuerpo totalmente en reposo y apoyado, y la mente se ve libre de sus problemas.

Cuando se consigue este estado, la sensación de paz y tranquilidad es indescriptible y se produce un descanso total tanto de la mente como del cuerpo.

Se requiere tiempo y práctica para lograr tal estado: no espere conseguirlo la primera vez, pero persevere. No siempre es necesario llegar al final del proceso, ya que un corto período de relajación total puede ser muy beneficioso y calmante. No abuse de la relajación profunda o de técnicas similares, ya que practicarla con demasiada frecuencia puede frustrar los resultados: 10 o 20 minutos una vez al día, o como mucho dos veces, es suficiente.

Si se duerme fácilmente, es mejor que no se instale de modo demasiado confortable. Aunque es más fácil relajarse profundamente cuando está tumbado, también puede relajarse en una silla y en cualquier posición.

Al principio, es mejor grabar las instrucciones en una cinta, y más tarde podrá prescindir de esta ayuda. Hable lenta y claramente. La voz que utilice normalmente es correcta, pero procure mantenerla baja y hacer buenas pausas entre las instrucciones. No susurre ni actúe como si estuviera en una sesión de hipnotismo, no sirve de nada.

Si tiene poco tiempo, puede emplear cinco minutos en la oficina, sentado en una silla para relajarse. Es mejor que disponga de apoyabrazos.

Trate que nadie lo estorbe en el tiempo que dedica a su relajación: desvíe las llamadas y pida que nadie entre donde se encuentra. Siéntese bien en la silla de forma que sus nalgas y su espalda se apoyen correctamente, y haga descansar sus manos, entrelazadas y con las palmas hacia arriba, en su regazo. Deje que los pies descansen en el suelo justo debajo de las rodillas.

Si dispone de unos 15 minutos, túmbese en el suelo. Es preferible que lo haga sobre una alfombra o una moqueta, nunca directamente. Cúbrase bien para no pasar frío, sáquese los zapatos y la ropa ajustada, y póngase cómodo en la posición que prefiera. Deje de pensar en todo lo que le angustia y, sobre todo, no se sienta culpable: piense que está haciendo algo para encontrarse mejor y que este tiempo que dedica a relajarse le permitirá rendir más en su trabajo y ser más efectivo.

Si tiene miedo de invertir demasiado tiempo en la relajación, use un reloj para que lo avise. Ayúdese de algunos estiramientos de los músculos para relajarse.

Instrucciones para la relajación profunda

Cierre los ojos suavemente, póngase cómodo y empiece a soltar el aire de los pulmones. Respire de forma natural, justo lo que necesita. Espire lentamente con un suave suspiro, como un balón que se deshinchara muy lentamente. Haga esto otra vez y, mientras suelta el aire, sienta cómo la tensión empieza a desaparecer. Vuelva a su respiración normal, aunque de forma más pausada y lenta.

Dirija sus pensamientos a cada parte del cuerpo. Sienta primero cómo se relajan sus pies. Los pulgares están relajados y quietos, y los pies descansan cómodamente en el suelo. Primero relaje el pie izquierdo, luego el derecho, y después los tobillos.

Ahora piense en las piernas. Las nalgas ruedan hacia fuera cuando se relajan. Dirigiendo sus pies también hacia fuera, suéltelas. Sus caderas se expanden.

Su espalda se relaja. La parte baja permanece en contacto con el suelo, y la columna se estira.

Sus músculos abdominales se vuelven blandos y se relajan. No hay necesidad de mantener la tensión del vientre. Sienta cómo sube y baja tranquilamente al ritmo de la respiración.

Piense en los dedos de la mano izquierda. Permanecen en reposo, flexibles, cómoda y ligeramente doblados, sin esfuerzo alguno. Ahora piense en los dedos de la mano derecha, también relajados y en reposo. Esta sensación de relajación sube hasta los brazos y los hombros.

Deje que los hombros se relajen, que adquieran una postura natural. Relaje también los músculos del cuello, mejor si mantiene la cabeza muy derecha, la barbilla alta y el cuello ligeramente inclinado hacia atrás.

Relaje su cara, borrando cualquier expresión de ella. Relaje la mandíbula y asegúrese de que no aprieta los dientes. Mantenga blandas las mejillas y relajados los labios, que deben tocarse ligeramente. Relaje la frente

Seguidamente, en lugar de pensar en sí mismo como si estuviera dividido en partes, sienta por completo la sensación de dejarse ir, tranquila y relajadamente.

Cuando sus músculos estén relajados, empezará a sentirse lleno de paz, tranquilo, relajado, como flotando, liberado...

Permanezca así. Sienta su respiración si eso lo ayuda. Después de un tiempo, quizá su mente vuelva a estar activa y ocupada en sus problemas. Si es así, reinicie el proceso otra vez, insistiendo en los puntos donde los músculos se hayan tensado.

Al terminar, sacuda un poco manos y piernas, abra los ojos y, después de unos instantes, incorpórese lentamente. Permanezca quieto unos momentos y realice un estiramiento. Un bostezo es excelente para este propósito.

❖ ❖ ❖

Yoga

Cuestiones previas

Yoga es una palabra que procede del sánscrito, una de las lenguas más antiguas del mundo, y que se suele traducir como «unión». El principal objetivo de la práctica del yoga consiste en corregir todo desequilibrio y mantener la armonía en todos los aspectos de la vida para conseguir equilibrar, por ejemplo, esfuerzo y relajación, actividad física y actividad mental, etc.

La secuencia básica de asanas que propone este libro incluye las posturas que constituyen el núcleo del yoga. Son posturas que aumentan la flexibilidad de la espina dorsal, de los músculos y de las articulaciones, a la vez que tonifican los músculos y vigorizan el cuerpo en general.

Los asanas deben hacerse lentamente, tanto al ejecutarlos como al terminarlos. Las posturas son estáticas y todo asana debe mantenerse en una inactividad prolongada. La duración de la inmovilidad constituye uno de los factores que determinan el grado de intensidad de un asana. El objetivo es mantener un estado de esfuerzo relajado en el momento en que se ejecuta y extender ese «momento presente» a toda la vida, a cada día y a cada instante en que así lo necesitemos.

No intente forzar el cuerpo en exceso: los estiramientos han de ser graduales. A medida que repita los ejercicios, su cuerpo se irá flexibilizando. El yoga no es competitivo y sus resultados nunca se juzgan en relación con los de otra persona o con los suyos propios en función de si tiene un día mejor o peor.

Si practica yoga sin la ayuda de un maestro, esté alerta a cualquier signo de tensión excesiva y adapte el esfuerzo en consonancia. Preste atención a una respiración dificultosa o acelerada, temblor en las extremidades, cansancio, taquicardia, sensación de calor o falta de vigor cuando realiza el ejercicio, y malestar o inquietud en la vida cotidiana al cabo de pocos días. Son síntomas inequívocos de que no está practicando correctamente el yoga.

No deje que su mente divague, fíjela en la postura o en un estado de concentración relajada en lo que está haciendo. Mente y cuerpo estarán verdaderamente unidos y conseguirá una armonía receptiva en su interior, punto de partida imprescindible para armonizar sus relaciones con el mundo.

En el yoga es imprescindible el control de la respiración. Ésta debe ser completa y mantenerse, en todo momento, bajo control. El yoga enseña a ser consciente de las pautas de respiración mediante la sincronización de los movimientos con la respiración, de forma que, gradualmente, ambos se ralentizan y la respiración se hace más profunda.

El saludo al sol

El saludo al sol consta de doce ejercicios que calientan y preparan todo el cuerpo para realizar los asanas.

Haga el paso de una postura a otra lentamente, de forma que todos los movimientos se coordinen entre sí.

Cada posición estira el cuerpo de una forma determinada y contrae o dilata la caja torácica alternadamente para mejorar el ritmo de la respiración.

Un saludo completo al sol consta de dos secuencias:

- **La primera** comienza con el pie derecho en la posición del movimiento 4.
- **La segunda** se inicia con el pie izquierdo en esa misma posición.

Al principio, limítese a un saludo al sol completo, pero aumente progresivamente hasta llegar a doce.

Es un ejercicio muy recomendable porque trabaja toda la musculatura. Quizá al inicio esté demasiado pendiente de la ejecución del ejercicio, pero, a medida que asimile la técnica, conseguirá comunicarse con su cuerpo.

1. De pie, con las rodillas y los pies juntos, y las piernas rectas, ponga las manos como si estuviera rezando y sosténgalas a la altura del pecho. Distribuya equitativamente el peso entre las piernas y espire.
2. Inspirando, alce las manos sobre la cabeza, arquee la espalda hacia atrás desde la cintura e incline la pelvis hacia fuera.
3. Suelte el aire mientras inclina la parte superior del cuerpo hacia delante, tocando las rodillas con la cabeza y el tórax (no fuerce, llegue hasta donde pueda), y apoyando las palmas de las manos en el suelo.
4. Mientras inspira, extienda una pierna hacia atrás manteniendo la rodilla en el suelo. La otra debe estar flexionada y el cuerpo, con la espalda arqueada y la barbilla levantada, inclinado hacia delante. Mire hacia delante (fig 7).

fig. 7

5. Contenga la respiración y extienda la otra pierna hacia atrás, apoyando el peso en las manos y en los dedos de los pies. Mantenga la cabeza y la columna en línea recta.
6. Suelte el aire elevando las rodillas, el tórax y la frente, lentamente. Mantenga las nalgas levantadas y los dedos de los pies en contacto con el suelo.
7. Inspirando, baje las caderas hasta tocar el suelo. Ponga los dedos de los pies hacia fuera y arquee la espalda hacia atrás hasta que los brazos queden extendidos. Las piernas deben estar juntas. Relaje los hombros e incline la cabeza hacia atrás.
8. Espire e incorpórese lentamente. Con la planta de los pies en el suelo, levante las caderas hasta lograr una posición de V invertida. Acerque la cabeza al suelo y levante los hombros hacia atrás.
9. Mientras inspira, dé un paso hacia delante y ponga entre las manos el pie contrario a la postura 4.
10. Espirando, lleve la otra pierna hacia delante y doble el cuerpo a partir de la cintura, como en la postura 3.
11. Inspirando, extienda los brazos hacia delante, luego hacia arriba y, posteriormente hacia atrás, como en la posición 2.
12. Suelte el aire lentamente y vuelva a la posición relajada, de manera que sus brazos descansen a los lados. Distribuya equitativamente el peso entre ambas piernas y relaje todo el cuerpo. Repita la secuencia comenzando con la otra pierna, por el movimiento número 4.

Asanas principales

Empiece y termine siempre con la postura del cuerpo muerto: tendido boca arriba, con las piernas ligeramente abiertas y relajadas, y los brazos tendidos a lo largo del cuerpo, con las palmas de las manos hacia arriba. Concéntrese en respirar profunda y serenamente, y trate de no pensar en nada mas que en su respiración. Sienta cómo su cuerpo aumenta de peso y deje que la fuerza de la gravedad actúe sobre usted. Si no se siente totalmente relajado, contraiga y relaje las partes del cuerpo que todavía tengan tensión.

Antes de abandonar el estado de relajación, respire varias veces a pleno pulmón y mueva lentamente el cuerpo.

Postura sobre la cabeza

Tiene innumerables ventajas, ya que estimula la circulación del oxígeno hacia el cerebro, mejora la memoria y la concentración, y agudiza los sentidos. Al invertir la fuerza de la gravedad sobre el cuerpo, descansa el corazón y mejora la circulación. También alivia tensiones y descarga la parte inferior de la espalda.

Al principio, pida a alguien que le ayude a mantener el equilibrio. Si no puede llegar hasta el final, deténgase en el punto 5 o 6.

No debe realizar este ejercicio si padece trastornos en la presión sanguínea. Si sufre cualquier trastorno, consulte con su médico antes de iniciarse en el yoga.

1. Arrodíllese y descanse su peso en los antebrazos. Para establecer la distancia ideal entre éstos, coja los codos con las manos opuestas.
2. Sin mover los codos, coloque las manos delante de usted, con los dedos entrecruzados.
3. Apoye la parte superior de la cabeza en el suelo, procurando que la coronilla descanse cómodamente en sus manos.
4. Estire poco a poco las piernas y levante las caderas.
5. Sin doblar las rodillas, acerque los pies todo lo que pueda a la cabeza, como si caminara. El cuello debe estar alineado con la espina dorsal; para conseguirlo, eche las caderas hacia atrás.
6. Cuando no pueda desplazar más los pies, doble las rodillas y acérquelas hacia el tórax. Al mismo tiempo, levante los pies del suelo proyectando las caderas hacia atrás.

7. Mantenga las rodillas dobladas y empújelas lentamente hacia arriba usando los músculos del estómago.
8. Lentamente, enderece las piernas y deje que su peso descanse en los brazos. Para bajar, realice los pasos 5, 6 y 7 en orden inverso. Antes de incorporarse, descanse un instante.

Postura sobre los hombros

Esta postura estira el cuello y la parte superior de la espalda, combate el estreñimiento, alivia los trastornos de próstata e irriga los nervios situados en la espina dorsal.

En vez de repetirla, es mejor mantener la posición y respirar profundamente. El tiempo puede variar entre 30 segundos y 5 minutos.

Las personas con dificultades para subir el cuerpo pueden empezar con las piernas dobladas por las rodillas.

♦. Túmbese en el suelo, con las piernas estiradas.
♦. Ponga los pies juntos y las manos a los costados, con las palmas hacia abajo, y levante las piernas lentamente mientras inspira. Apoye firmemente las manos en el suelo.
♦. Levante las caderas hasta que formen un ángulo de 45 grados con las piernas.
♦. Doble los brazos y apoye las manos en las caderas para aguantar la parte inferior del cuerpo. Sostenga la

parte anterior de las caderas con los pulgares, y la espalda, con los demás dedos. La parte superior de sus brazos debe permanecer en el suelo.

♦. Siga levantando las piernas, mientras estira la columna, hasta que estén en posición vertical. La barbilla debe permanecer en el tórax. Respire lenta y profundamente. Acerque los codos y deje que las manos se deslicen hacia abajo.
♦. Para concluir el ejercicio, coloque de nuevo las palmas sobre el suelo y baje las piernas hasta formar un ángulo de 45 grados. Baje la espalda, vértebra a vértebra, hasta que llegue a reposar en el suelo y sujétese firmemente con las manos. Descienda lentamente las piernas.

El arado

Es una extensión de la postura sobre los hombros que permite estirar al máximo la columna vertebral. Flexibiliza y fortalece los músculos de la espalda, hombros y brazos, y estimula los órganos internos.

♦. Tiéndase en el suelo con los pies juntos, las manos a los costados y las palmas hacia abajo. Levante las piernas verticalmente, suelte el aire y alce las caderas del suelo.
♦. Apoye la cintura en las manos, suelte el aire y pase las piernas por encima de la cabeza. Si no logra poner los

pies en el suelo, puede colocar una almohadilla debajo de éstos. Permanezca entonces en esta posición.

♦. Con los dedos de los pies en el suelo, camine lentamente todo lo lejos que pueda, empujando el torso hacia arriba y manteniendo los talones hacia fuera. Entrecruce las manos y estire los brazos hacia fuera. Se sale de esta posición de la misma forma que en la postura sobre los hombros (fig. 8).

fig. 8

El pez

Esta postura estira el cuerpo en el sentido contrario en el que lo efectúan las posiciones anteriores, alivia las tensiones de la espalda y neutraliza la rigidez de cuello y hombros. Refuerza la región lumbar y mejora la respiración.

- ♦. Tiéndase en el suelo, con los pies juntos y las piernas estiradas. Ponga las manos bajos los muslos de forma que queden juntas y con las palmas hacia abajo.
- ♦. Con los codos firmemente apoyados en el suelo, inspire y empuje con los brazos arqueando la espalda. Descanse la coronilla en el suelo. Mantenga esta posición durante la mitad de tiempo que la del arado (fig. 9).

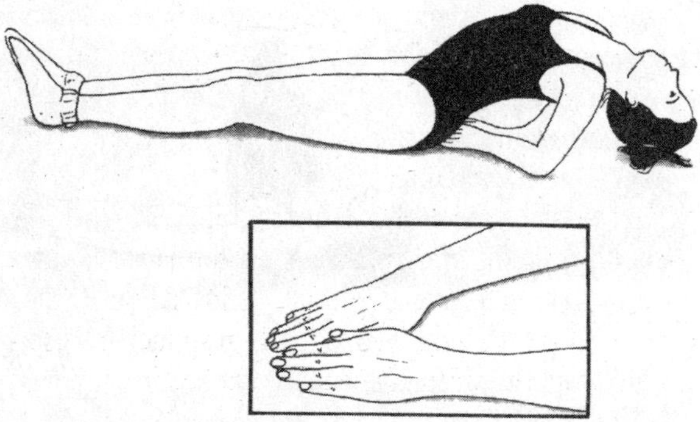

fig. 9

Luna creciente

Esta postura afloja las caderas y la pelvis, pero también estira los brazos, los hombros y la columna vertebral.

- Lleve las manos a la posición de saludo indio, con las palmas juntas, los dedos apuntando hacia arriba y los pulgares en dirección al corazón. Inspire mientras se coloca de rodillas.
- Lleve el pie derecho delante de usted, de modo que queden unos 60 cm entre el talón derecho y la rodilla izquierda. Mientras espira, lleve el peso del cuerpo hacia delante, hasta apoyar su peso en la rodilla.
- Inspire. Al espirar, estire los brazos y el tronco hacia delante, por encima de los muslos, manteniendo las palmas juntas. Aspire y lleve los brazos hacia arriba por encima de la cabeza, y levante la parte superior del cuerpo hasta que esté vertical. Mantenga las caderas cayendo hacia abajo, tanto como sea posible, para conservar el estiramiento anterior.
- Inspire. Mientras espira, arquee la parte superior del cuerpo y de los brazos hacia atrás, formando la línea de la luna creciente desde los dedos de las manos hasta el pie trasero. Mantenga la respiración, respirando lenta y profundamente, hasta sentir cansancio (fig. 10).
- Mientras inspira, alce los brazos rectos por encima de la cabeza y lleve el peso del cuerpo sobre la rodilla trasera.
- Mientras espira, siéntese sobre el pie izquierdo. Vuelva los dedos de este pie hacia dentro. Inspire y estire hacia arriba la columna vertebral y los brazos. Flexione el pie delantero y vuelva los dedos hacia arriba.

fig. 10

- Espire a la vez que lleva los brazos y el tronco hacia delante, en línea recta, tan lejos como pueda. Inspire. Cuando vuelva a espirar, incline el tronco hasta que la cabeza toque la rodilla. Ponga las manos una a cada lado de la pierna estirada, con las palmas hacia arriba.
- Repita con el otro lado del cuerpo.

La pinza

Estira completamente la columna vertebral y la parte posterior de las piernas y refuerza los músculos.

♦. Tendido en el suelo, levante los brazos y siéntese mientras inspira. Mantenga en todo momento la espalda recta, no encoja los hombros. Doble las piernas y contraiga los músculos de las nalgas para quedar sentado sobre el hueso pélvico. Alce los brazos por encima de la cabeza y estire la columna.

♦. Contraiga los músculos abdominales, suelte el aire y estírese hacia delante a partir de la pelvis, manteniendo la espalda recta. Su barbilla debe dirigirse hacia las espinillas, mientras que el torso debe apuntar hacia los muslos.

♦. Siga estirándose mientras mantiene rectas las piernas. Intente unir el torso a los muslos. Sujete el dedo gordo de ambos pies con el índice de las manos. Debe concentrarse en inclinar el torso por completo: no dirija la cabeza hacia las rodillas ni empuje ni haga fuerza, sino que debe inclinarse hacia delante de forma gradual. Antes de adoptar la posición, es necesario subir y bajar varias veces a la vez que respira lentamente.

La cobra

Esta postura estira enérgicamente los músculos hacia atrás y refuerza la parte inferior de la espalda. Este ejercicio no es aconsejable para las personas que padecen hiperactividad de la tiroides.

- ♦. Tiéndase boca abajo con las piernas juntas. Las palmas de las manos deben apoyarse en el suelo, bajo los hombros, y la frente debe descansar en el suelo.
- ♦. Inspire y levante la parte superior del cuerpo. Mantenga la posición mientras espira. Levante una fracción más mientras inspira y mantenga mientras espira. Céntrese en los músculos de la parte superior de la espalda y evite poner todo el peso del cuerpo sobre las manos.
- ♦. Trabaje para levantar la parte superior del cuerpo y enderece los brazos tanto como pueda. Mantenga los hombros hacia abajo y la pelvis pegada al suelo.
- ♦. Continúe arqueando la espalda y suba los hombros. La espalda debe doblarse de la base hasta el cuello. Permanezca en esta postura tanto tiempo como pueda mantener la conciencia y el control del cuerpo. Para salir de ella, baje la cabeza, flexione los codos y, lentamente, vuelva a la posición de partida.

El arco

Constituye una extensión de la cobra. Mejora el funcionamiento de los órganos internos, especialmente hígado e intestino, y reduce la tensión y los calambres premenstruales.

- ♦ Tiéndase boca abajo. Inspire, doble las rodillas, cójase los tobillos y suelte el aire.

- Inspirando, levante la cabeza y el torso, poco a poco, mientras sujeta los tobillos de manera que el torso y los muslos no toquen el suelo. Respire tres veces.

Cuando domine esta posición, podrá perfeccionarla con un suave balanceo hacia delante y hacia atrás.

Torsión espinal

Esta postura estira la columna para aumentar la flexibilidad y libertad de movimientos de la espalda.

- Arrodíllese en el suelo y siéntese sobre los pies de forma que las nalgas descansen en los talones.
- Mantenga la espalda lo más recta posible, con los hombros nivelados, y respire pausadamente.
- Traslade el peso del cuerpo a la derecha de sus pies.
- Doble la pierna izquierda y pásela por encima del muslo derecho; mantenga el talón derecho cerca de las nalgas, y la espalda, erguida.
- Estire los brazos en cruz y gire el tronco hacia la izquierda. Mantenga el peso equilibrado entre ambas nalgas.
- Sujete el pie izquierdo con la mano derecha. Suelte el aire y vuelva ese pie hacia la izquierda todo lo que pueda. Mire por encima del hombro izquierdo.
- Repita con la otra pierna.

El triángulo

Esta postura estira todo el tronco, en especial la espina dorsal y la caja torácica.

- Póngase de pie, con los pies separados cerca de un metro y apuntando un poco hacia la izquierda. Inspire profundamente y, después, vacíe los pulmones por completo.
- Estire el brazo izquierdo hacia fuera y levante el brazo derecho hacia arriba, acercándolo a la oreja derecha.
- Mientras espira, doble el cuerpo hacia la izquierda; sujete el tobillo o la pantorrilla con la mano de ese lado.
- Repita el movimiento hacia el otro lado.

Calmar la mente

Cerrar los ojos

Es posible que aprenda a relajar su cuerpo, pero que nunca consiga un auténtico estado de calma. Esto se debe a que sólo treinta segundos de estrés pueden desbaratar los efectos de cualquier ejercicio de relajación.

Debe aprender a vivir el momento y someter sus pensamientos ansiosos con reflexiones tranquilas y respiraciones rítmicas.

En este sentido, el ejercicio de cerrarlos ojos es muy sencillo y eficaz. Siga atentamente las instrucciones; quizá al principio esté muy atento a ellas, pero en poco tiempo aprenderá la mecánica sin problemas y con suficiente soltura.

Inspire y concéntrese en mantener los ojos abiertos y en contar hasta cuatro. A medida que espire, cuente hasta ocho y cierre los ojos suavemente. Siga abriendo los ojos al inspirar y cerrándolos al espirar. Notará una cálida sensación interna, llena de paz, y empezará a evadirse mental y fisicamente.

Cuanto más despacio espire, más difícil le resultará abrir los ojos al inspirar. Cuando haya llegado a un punto en que le resulte más fácil mantener los ojos cerrados, disfrute de la sensación de tranquilidad durante un tiempo. No se apresure.

❖ ❖ ❖

Respiración alterna

Algunos pequeños rituales y costumbres diarios pueden hacerle pasar un mejor día y dirigir su vida de una forma más tranquila y satisfactoria.

Además de sus rituales por conveniencia (la forma de tener arreglados los cajones, por ejemplo) o por superstición, puede introducir algunas pequeñas acciones relajantes, como poner un disco compacto de música clásica, sacarse los zapatos, desabrocharse las ropas que aprietan, estirarse, levantarse y dar una vuelta por la oficina o por su casa... Estas acciones simples desviarán su atención de las causas de estrés externas y le ayudarán a iniciar el proceso de relajación.

Entre los instrumentos útiles para su relajación se halla la técnica de respiración alterna, muy indicada en los casos en que no puede tenderse o ponerse cómodo para relajarse, o cuando no puede desconectar su mente.

Esta técnica hace que se concentre en la respiración, una de las formas más comunes de meditación.

- Siéntese en una posición confortable con una buena postura.
- Descanse el dedo índice y el dedo medio de la mano derecha en su frente.
- Cierre la aleta derecha de la nariz con el pulgar.
- Inhale lenta y sonoramente a través de la ventana izquierda de la nariz.
- Cierre la aleta izquierda con el dedo anular y, simultáneamente, abra la izquierda desplazando el pulgar.
- Exhale lenta y sonoramente por el lado derecho.
- Inspire por el lado derecho.
- Cierre la aleta derecha con el pulgar y abra la aleta izquierda.
- Exhale por el lado izquierdo.

Realice al menos cinco ciclos completos.

Afirmaciones positivas

«¿Por qué todo me sale mal?», «¿por qué tengo mala suerte?»... La mala suerte no existe. Todos tenemos nuestros talentos y nuestras limitaciones, y debemos aprender a sacar partido de ellos. No siempre se puede acertar, pero tampoco nos equivocamos en todo momento.

La seguridad en uno mismo está directamente relacionada con el amor propio y la autoestima. Adelantar fracasos, examinar concienzudamente todo lo que puede ir mal, pensar siempre lo peor, ser extremista, ser demasiado rígido en el cumplimiento de normas, llegar a conclusiones basándose en los propios sentimientos, personalizar, generalizar pensando que un error del pasado marca toda nuestra trayectoria, y dudar de uno mismo, no constituyen buenas estrategias para conseguir cualquier cosa; además, nos cargan de sentimientos negativos y estrés.

Si le falta confianza en sí mismo, se desanimará con facilidad y eso repercutirá en su rendimiento. Por último, su «fracaso» le impulsará a evitar determinadas situaciones y a posponer retos similares a los que no se han desarrollado según sus deseos.

Cuando sienta que todo se hunde a su alrededor y empieza a dudar de sus cualidades y capacidades, practique la respiración abdominal. No deje que su respiración se entrecorte y que sólo actúe superficialmente. Respire hondo desde su abdomen y deje que los pulmones se expandan completamente e inhalen más oxígeno. Conseguirá más energía y mayor claridad de pensamiento.

Las frases sencillas, de apoyo, repetidas en los momentos en que empieza a flaquear su confianza, pueden ser una ayuda inestimable:

- Puedo hacerlo.
- No será tan malo como parece.
- Esta vez voy a hacerlo bien.
- Me he preparado a conciencia.
- Controlaré la respiración y no se me disparará.
- Es mejor ir que quedarse en casa.
- Estoy bien.
- Todo está bien.
- Paso a paso, voy a tomármelo con calma.
- Sólo necesito respirar y relajarme.
- Puedo superar esto, es sólo ansiedad: he pasado por ello antes.
- A la tensión sigue la relajación.
- Respiraré profundamente y se me pasará.

Acuérdese de autosugestionarse antes de enfrentarse a lo que teme, durante (puede ser de gran ayuda tener una palabra preparada, como «relajación», para tranquilizarse) y después, para animarse a superar nuevas situaciones, diciéndose frases como las siguientes:

- Bien hecho. Ha sido todo un reto.
- He conseguido superarlo.
- He mejorado.
- Lo he conseguido. La próxima vez será más fácil.
- Voy mejorando...

Visualice sus logros. Repase mentalmente algo que se propone hacer de forma que todo salga bien y, sobre todo, no se hunda si se equivoca. Convierta un error en algo positivo, aprendiendo de él: «la próxima vez lo haré mejor».

Visualizaciones

Algunas técnicas de visualización ayudan a conseguir un equilibrio entre los hemisferios izquierdo y derecho del cerebro, y agudizan la memoria y los sentidos.

Las visualizaciones pueden ayudar a aliviar situaciones de estrés, en particular, el miedo, el nerviosismo que se siente antes de que un acontecimiento ocurra.

Utilizar imágenes positivas o relajantes ayuda a reemplazar los pensamientos negativos y a hacer frente a las situaciones difíciles con más confianza. Cuando se sienta especialmente nervioso o angustiado puede echar mano de las visualizaciones que tenga almacenadas en su mente para sentirse mejor.

Cómo utilizar la visualización

Sentado o estirado, relaje el cuerpo, soltando los músculos, acompase su respiración y hágala más profunda, y tranquilice su mente. Concéntrese durante un tiempo en poner la mente en blanco, centrándose en la respiración.

Imagine una escena placentera y relajante: está en una playa de arena blanca con un mar de un azul turquesa intenso que acude regularmente a la arena, tranquila, calmada, pausadamente. Corre una brisa fresca, huele a mar, refrescante, puro. Lentamente camina por la arena, muy fina, tan fina que le masajea agradablemente los pies. Las aguas del mar siguen llegando regularmente a la playa y usted avanza hacia ese espacio azul tan bello y relajante. Mientras se aproxima, ve bellos reflejos de plata. El sol calienta suavemente. Siente su caricia cálida a la vez que sus pies se refrescan en el agua, tan transparente y cristalina. La suave brisa trae gotas del mar a su cara y a sus brazos, el mar lo salpica suavemente y sigue avanzando hasta que se sumerge en esa relajante nube azul, fresca y acogedora. Sienta cómo flota sin esfuerzo, cómo el mar lo lleva placenteramente y acaricia todo su cuerpo...

Intente implicar todos sus sentidos en las visualizaciones y aprecie toda clase de detalles: las burbujas del agua, las hojas de los árboles, los ojos y el rostro de las personas...

Con este tipo de meditación puede imaginar cualquier cosa: músculos que se relajan, se estiran y alivian su dolor de cabeza; las arterias hinchadas por el dolor que se contraen mientras la sangre fresca, nueva y calmante, pasa fluidamente a través de ellas, etc.

Ejercicios para los hemisferios cerebrales

Este ejercicio favorece el funcionamiento del cerebro y crea un equilibrio entre ambos hemisferios. Si lo practica con regularidad, mejorará su capacidad de concentración y aprendizaje, resolverá más fácilmente sus problemas y vencerá los nervios y el estrés.

Cierre los ojos, relaje el cuerpo y la respiración y ponga la mente en blanco. Concéntrese en una parte de su cerebro y en uno de sus ojos. Imagine que, con el ojo derecho y la parte derecha del cerebro, contempla un árbol recubierto de brotes blancos y rosados en primavera. Con la parte izquierda del cerebro y el ojo izquierdo, imagine el mismo árbol cubierto de nieve. Fije estas dos imágenes clara y distintamente en su mente, y fúndalas en el centro del cerebro convirtiéndolas en la imagen de un solo árbol recubierto de hojas en otoño.

También puede realizar estos ejercicios con otros sentidos. Puede comer una manzana jugosa y una tostada caliente untada con mermelada, oler una rosa y una taza de café... El secreto reside en equilibrar y aunar ambos aspectos, como lo hizo para la imagen de los árboles.

Imágenes para visualizar

Use y abuse de las metáforas. Para descargar la tensión, puede imaginar ruidos secos y movimientos rápidos de algún objeto: un cable tirante que cruza rápidamente el espacio y restalla en el suelo; una alarma ensordecedora que poco a poco baja su volumen hasta convertirse en una armoniosa flauta; el acre y penetrante olor de alquitrán o amoníaco que se convierte en el agradable aroma del pan recién hecho; un túnel claustrofóbico con salida a la naturaleza, la luz, el aire...; un refrescante arroyo, serpenteante y vivaz, que desemboca en un placentero mar; colores calientes y tensos como el rojo que, progresivamente, pierden intensidad y tensión hasta convertirse en colores relajantes como azul o verde, etc.

Un ejemplo: visualización del otoño

Salga de su casa una tranquila mañana de otoño. El sol da una luz dorada, no hace frío, todo está tranquilo. Usted entra en un huerto donde los manzanos maduros se inclinan por el peso de sus frutos, unas manzanas rojas y muy grandes que impregnan el aire con su olor fresco y dulce. Quiere recoger tranquilamente las manzanas y para ello ha llevado varias cestas. Su ánimo es tranquilo, se siente en paz con este tiempo calmado, con los rayos de sol que le transmiten una sensación cálida, con ese cielo azul grisáceo tan bello, con los marrones, dorados y granates que la naturaleza ha extendido en forma de hojas que vuelan plácidamente, que caen a cámara lenta hasta posarse en el suelo. A su alrededor todo son hojas, ramas y manzanas. A lo lejos puede ver un gran castillo. Empieza a imaginar cómo sería la vida en aquel entonces y ve un torneo con sus justas, los caballeros armados, el público expectante, trajes medievales, alegría, emoción... Las armaduras de los caballeros brillan; los caballos, poderosos, relinchan; las lanzas chocan, la multitud grita y el caballero victorioso salta de su caballo y se inclina para que el público celebre su gesta. Imagínese en el lugar de este caballero mientras ve cómo se prepara su fiesta: la carne asándose en el asador, las verduras cocinándose en unas ollas enormes, los ricos dulces creciendo en los hornos, aromas a vainilla, a crema, a carne melosa y jugosa, a salsas picantes, a pan tostado, a carnes blancas salpimentadas, a deliciosos solomillos...

Siga recogiendo sus fragantes manzanas, sienta el calor del sol que almacenan y el aroma que despiden al cortarlas, ácido y dulce. Pruebe una y note cómo cruje bajo sus dientes y cómo llena su boca con su refrescante jugo. Recoja suficientes manzanas para los fríos días de invierno y, cuando coma una, recuerde cómo la recogió en ese hermoso y pacífico día de otoño.

Autohipnosis

Casi todas las ventajas de acudir a un hipnotizador profesional pueden conseguirse también por autohipnosis. A medida que vaya explorando estas técnicas podrá conseguir resultados en muy poco tiempo o, si lo prefiere, dilatar su experiencia.

Con la autohipnosis se alcanzan estados muy sugestionables que, además de proporcionar relajación profunda, pueden utilizarse para repetir frases positivas de mejora.

Grabe las instrucciones en una cinta, bien con su voz o con la de un amigo. Si utiliza la voz de un amigo, debe hablarle en tercera persona. Procure eliminar cualquier sugestión antes de despertarse.

De todas formas, el mejor sistema para practicar la autohipnosis consiste en aprender la fórmula que se quiere seguir. No hace falta que aprenda todas las sugestiones: debe seguirlas en líneas generales para abandonarse, sentirse muy pesado, liberar la tensión, relajarse, notar flácidas las extremidades, respirar profunda y lentamente, experimentar una placentera sensación de hundimiento... Siéntese o túmbese cómodamente y abandónese.

Fórmulas de inducción a la autohipnosis

- Estoy cómodo y muy relajado.
- Cierro los ojos.
- Me concentro en lo que digo.
- No pienso en nada más.
- Estoy relajándome por completo
- Voy a gozar de un sueño hipnótico.
- Voy a hundirme en esta relajación renovadora.
- Estoy empezando a evadirme.
- Mi respiración es uniforme y tranquila.
- Dejo que todo sea como es.
- Todo fluye.
- Ningún problema me angustia.
- Dejo que me invada una relajación profunda.
- Escucho mis palabras y no pienso nada más.
- Me despertaré fácilmente cuando quiera o cuando sea necesario.
- Me despertaré renovado y relajado.
- Me sentiré en paz.
- El aire entra y sale poco a poco.
- Dejo que la tensión salga de mi cuerpo.
- Respiro profundamente, con mi abdomen.

- Mi respiración es lenta.
- Calma y suavidad.
- Mi respiración es profunda.
- Cada vez que sale el aire siento una relajación más profunda.
- Cada vez me siento más profundamente dormido.
- Cada vez que sale el aire me relajo más.
- Toda las tensiones desaparecen.
- Mis músculos están como muertos y relajados.
- Mi pie derecho está relajado.
- Mi rodilla derecha está relajada.
- Mi pierna derecha está relajada.
- Mi pie izquierdo se siente pesado y relajado.
- Mi rodilla izquierda está pesada y relajada.

Vaya involucrando cada una de las partes de su cuerpo en este estado de pesadez y relajación. Experimente con las órdenes para adaptarlas a sus necesidades.

Técnicas físicas de relajación

Técnicas para una relajación instantánea

Bola antiestrés

No es una mala idea recuperar esta bola, que tuvo su época dorada en los años cincuenta. Este ejercicio desarrolla la fuerza de la muñeca, pero, especialmente, otorga una gran relajación que ayuda a aliviar tanto tensiones físicas como mentales. Apriete rítmicamente la bola mientras se concentra en su mano y su progresiva relajación.

Bolas chinas

Aparecidas durante la dinastía Ming (1368-1644), se diseñaron originalmente para desarrollar fuerza. Están fabricadas de acero o de latón y son del tamaño de una pelota de golf.

Empiece por relajar su respiración y sostenga dos bolas chinas en la palma de la mano derecha (la izquierda, si es zurdo). Use todos los dedos para moverlas en la dirección de las agujas del reloj. Repita el ejercicio con la otra mano.

Frotamiento de manos

Arrodíllese y empiece el ejercicio con las manos en posición de plegaria, con los pulgares a la altura de la nariz. Frote ambas palmas de las manos mientras se concentra en hacer más relajada, profunda y pausada la respiración. Sacúdase la tensión de las manos y concéntrese en recordar esta sensación de relajación.

Vuelva a sentir tensión en la mano derecha friccionando el revés de la mano izquierda con el revés de la derecha. Prolongue esta fricción mientras inspira y espira unas doce veces.

Deslice los cinco dedos de la mano derecha, juntos, sobre los dedos de la izquierda, y disfrute la sensación que aprecia en ésta. Procure interiorizar los sentimientos de relajación y tensión.

Repita el ejercicio al revés.

Técnicas de masaje

Fricción centrífuga

Es sedante y tranquilizante. Las personas sedentarias y nerviosas que no ejercitan mucho sus músculos obtendrán muchos beneficios de estas fricciones si las ponen en práctica usualmente.

La presión ejercida debe ser regular y uniforme, aunque no necesariamente fuerte. La fricción constituye el primer movimiento.

Amasamiento

El amasamiento constituye el segundo movimiento del masaje. Consta de movimientos alternados de presión y flojedad, de forma que los músculos se aprietan y se aflojan con la mano, como si quisiera escurrirse una esponja. Existen tres tipos de amasamiento:

- **Amasamiento digital**. Tiene por objeto vaciar las venas superficiales y los vasos linfáticos. Los movimientos deben ser circulares o elípticos, y dirigidos hacia el corazón. Este amasamiento, aunque puede practicarse en todo el cuerpo, conviene especialmente al cuero cabelludo, la cara (especialmente si se padece neuralgia), las piernas, la planta de los pies y la palma de la mano.
- **Amasamiento medio**. Es uno de los mejores movimientos para el automasaje. Consiste en tomar grupos de músculos entre las yemas del pulgar y los otros cuatro dedos. Conviene utilizar ambas manos. Cuando masajee el brazo, utilice la mano contraria. Con un poco de práctica se realiza con los dedos un movimiento serpenteante muy relajante y de fácil ejecución.
- **Amasamiento profundo**. Se emplea toda la palma de la mano o, incluso, ambas a la vez. Se colocan las manos a un lado y a otro de la masa muscular y se ejerce una presión simultánea o alternativa en la dirección del corazón.

Torsión

Es el movimiento más enérgico del masaje y se puede administrar en el cuello, en los brazos y, sobre todo, en las piernas.

En el cuello, se colocan las manos atravesadas, con los pulgares hacia la laringe, y se efectúa un movimiento de sierra, de delante hacia atrás, de modo que las manos vayan en sentido contrario una de la otra. Este movimiento es útil en caso de tortícolis, tensión, neuralgia y reumatismo.

En las piernas y glúteos se hace el mismo movimiento, también con las dos manos. Para el brazo, se toma éste con el pulgar, el índice y el corazón, y se comprime y tuerce al través. Debe arrastrar la piel y la carne tanto como sea posible y soltar súbitamente, abriendo la mano para que vuelvan a su sitio.

Percusiones

Existen cinco clases de percusiones:

- **Golpeteos**: se administran con el puño.
- **Cacheteos**: se realizan con el borde cubital de la mano y con los dedos extendidos y separados.
- **Chapoteos**: se dan con la palma de la mano ahuecada.
- **Palmoteos**: se efectúan con la palma de la mano extendida.
- **Digiteos**: se administran con la punta de los dedos.

Los golpeteos, adaptando la posición del puño según la parte del cuerpo que deba masajearse, son muy útiles para el automasaje y pueden administrarse en todas las zonas del cuerpo.

Los digiteos y los palmoteos benefician el cuero cabelludo porque estimulan la circulación y producen excelentes resultados en caso de congestión o dolor.

En el pecho se pueden administrar los golpeteos, los chapoteos y los palmoteos, mientras que para las piernas están indicados los chapoteos, que alivian rápidamente las punzadas, y los golpeteos.

En el abdomen, las percusiones estimulan los órganos internos.

❖ ❖ ❖

Ejercicios de automasaje

Pies

Movilice las articulaciones del pie para favorecer la circulación sanguínea y dar descanso y energía al organismo. Practique también presiones profundas, rotaciones y vibraciones con los pulgares sobre la planta para conseguir una sensación de bienestar y facilitar el sueño. De esta forma también estimulará los órganos internos (fig. 11).

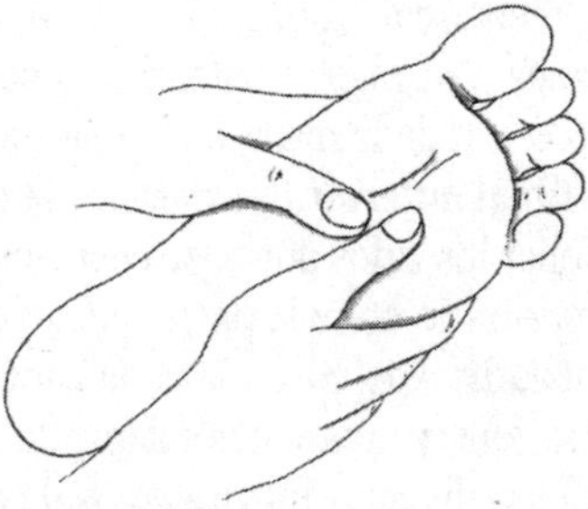

fig. 11

Friccione ampliamente el pie, y, en caso de tensión, amase los tendones con los pulgares y comprímalos con todos los dedos.

Sujete la base de cada dedo del pie con el pulgar y los demás dedos de la mano. Estire y gire alternadamente cada dedo hasta llegar a la punta.

Piernas

Empiece friccionando las piernas y continúe con un amasamiento digital para vaciar los vasos sanguíneos.

Prosiga con un amasamiento medio y con torsiones para relajar los músculos adecuadamente. Termine su masaje con algunas percusiones.

En el caso de que practique algún deporte o tenga sobrecargados algunos músculos determinados, puede realizar ejercicios concretos para aliviarlos:

- **Gemelos**. Siéntese de forma que estos músculos queden relajados y amase y comprima enérgicamente, incidiendo con toda la mano en la masa muscular.
- **Musculo tibial anterior**. No masajee la tibia, limítese a friccionar los lados donde se encuentra el músculo y a comprimirlo entre la palma y los dedos.
- **Músculo cuadríceps**. Se halla en la cara anterior del muslo. Friccione y amase cómodamente con las manos realizando diversos movimientos de amasamien-

to y torsión. Utilice también estos movimientos para los músculos interiores y posteriores.

Abdomen

Además de las manipulaciones habituales en el automasaje, puede practicarse un sencillo ejercicio muy efectivo en el caso de padecer dolores abdominales, estreñimiento o algún trastorno digestivo.

Acuéstese en la cama y eleve un poco el torso con una almohada. Encoja algo las piernas. Aplique las manos planas de forma que se persigan una a la otra, y describa círculos, con el ombligo como centro, unos minutos en un sentido y otros en el opuesto (fig. 12).

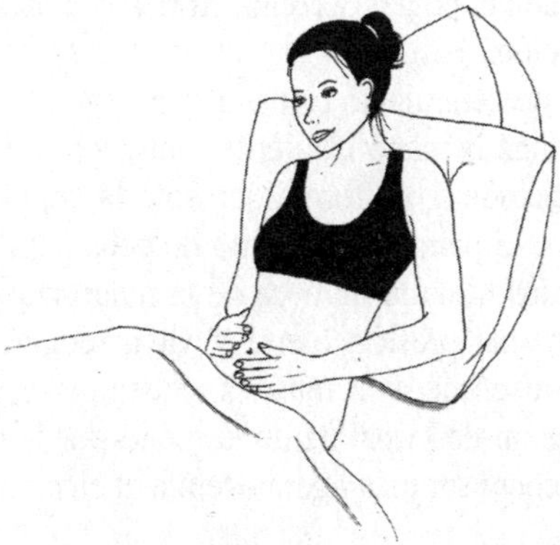

fig. 12

Si tiene dolores, diarrea o enteritis, la fricción debe ser suave y prolongada, pero si padece digestiones difíciles, añada un ligero amasamiento, más intenso y enérgico en caso de estreñimiento.

Manos

Sacuda las manos para eliminar tensiones. Este es un ejercicio muy efectivo que puede realizarse en cualquier parte.

Ponga la mano izquierda con la palma hacia arriba y sosténgala con la mano derecha de modo que el pulgar derecho pueda masajear la palma y los dedos de la izquierda.

Vuelva la mano izquierda y dé fricciones en el revés de la misma con el pulgar derecho. Aproveche para relajar su respiración.

Repita el procedimiento con la otra mano.

Luego ponga la mano izquierda sobre la rodilla, con la palma hacia abajo, de forma que sólo la coja ligeramente. Utilice la palma de la mano derecha para frotar desde los dedos hasta la muñeca de la mano izquierda. Empiece con una presión fuerte y vaya reduciéndola conforme se acerque a la muñeca. Sustituya gradualmente la presión de la palma de la mano por la de los dedos, que deberá ser más ligera. Repita el ejercicio con la otra mano.

También es muy relajante hacer girar cada uno de los dedos. Coloque la mano izquierda en su regazo y tome cada uno de los dedos entre el pulgar y el índice de la mano derecha. Haga girar cada dedo y estírelo suavemente para liberarlo. Repita el ejercicio con la otra mano.

❖ ❖ ❖

Masaje en pareja

Pies

Haga que su pareja se acueste en la cama o en el suelo, sobre una manta. Coloque bajo su pantorrilla derecha unas mantas o cojines, de forma que quede más alta que la izquierda y usted pueda tocar cualquier zona del pie sin que su pareja deba levantar la pierna.

Cúbralo con una manta para que no se enfríe y siéntese a sus pies. Lave su pie con agua tibia con sal y, después de secarlo, efectúe un ligero masaje con sal. De esta forma, la piel recibirá mejor el masaje con aceite.

No use sal si existe alguna herida en el pie. Realice este primer masaje delicadamente, acariciando el pie con la mano. Quite la sal con agua tibia y seque el pie con la misma delicadeza.

Con la mano, gire los tobillos a uno y otro lado y doble los pies e inclínelos de un lado a otro. Friccione el pie con aceite de masaje.

Para empezar, sujete el pie con ambas manos de manera que sus dedos apunten a la dirección opuesta a los dedos de los pies. Presione con el pulgar y la palma firmemente y separe las manos desde el centro del pie, estirando hacia fuera. Deje que sus manos se deslicen por el pie sin dejar de presionar.

Ahora explore los tendones y los intersticios de éstos con el pulgar.

Coja el pie con una mano y, con el pulgar de la otra, haga movimientos circulares y profundos empezando cerca de los dedos y continuando hacia el talón (fig. 13).

Apoye una mano en la parte superior del pie y gire mientras presiona la planta con los nudillos de la otra mano.

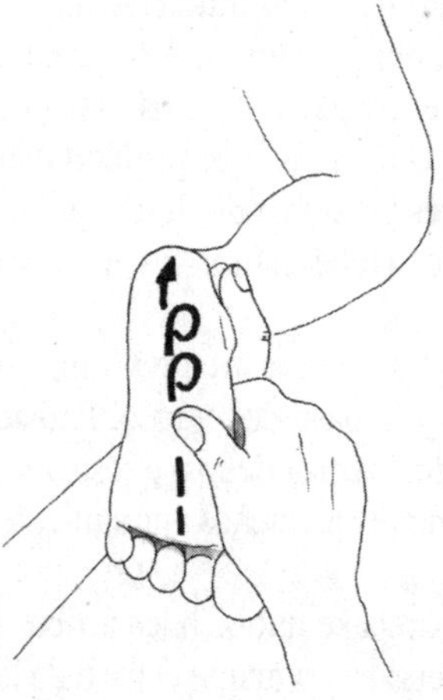

fig. 13

Movilice cada uno de los dedos estirando y girándolo de forma alternada, desde la base hasta la punta. Coja ahora todos los dedos y estírelos a la vez.

En la misma posición que cuando empezó, acaricie el pie a lo largo, desde el tobillo hasta soltarlo.

Hombros y cuello

Sujete uno de los hombros para que el torso no se incline. Agarre la carne de la parte posterior del cuello entre el pulgar y el índice, y amase con fuerza. Repita con el otro hombro.

Con cada mano en un hombro, agarre la parte superior de éstos y masajéelos profundamente desde la base del cuello hasta el borde exterior. Alterne pases pequeños y profundos con el pulgar con otros más grandes con la palma de la mano. Para relajar en profundidad el hombro, deslice los pulgares presionando desde los hombros hasta la base del cuello. Debe estirar los tejidos sin llegar a hacer daño.

Coloque una mano en la frente y utilice la otra para masajear la nuca y la base del cráneo. Pellizque la carne entre el pulgar y los demás dedos, e insista en los puntos más tensos realizando pequeños movimientos giratorios con el pulgar.

Haga que la pareja se tumbe boca arriba. Ahueque las manos detrás del cuello y aguante el peso de la cabeza con ellas. Estire la cabeza hacia usted, lenta y cuidadosamente, y aproveche para realizar un relajante masaje capilar.

Espalda

Esta es la zona que más se carga del cuerpo y una zona ideal para empezar. A todo el mundo le encanta que le den un masaje en la espalda.

Trabaje uniforme y rítmicamente para aumentar la sensación de relajación y continuidad.

Arrodíllese en el lado izquierdo de la pareja y coloque la mano izquierda en la parte superior de la espalda, y la mano derecha, sobre la rabadilla. Respire lentamente hasta que se sienta a gusto y haga que la pareja ralentice su respiración y la vuelva más profunda.

Frote la espalda con aceite y acaríciela para ayudar al receptor a relajarse. Aproveche para familiarizarse con el cuerpo del otro y localizar sus puntos de tensión.

Deslice lentamente las manos por los lados de la columna y, cuando llegue a las nalgas, separe las manos y vuelva hacia arriba, deslizándolas suavemente por los costados hasta llegar a los hombros. Repita hasta que toda la espalda esté cubierta de aceite.

Coloque la mano derecha en la paletilla izquierda y la mano izquierda sobe la cadera derecha, e inclínese hacia delante para estirar suavemente la espalda. Repita con el otro costado.

Puede realizar diversos movimientos para descongestionar la espalda. Cambie su posición según la naturaleza de los movimientos. Para los que siguen debe sentarse detrás de la cabeza de la pareja con el fin de dirigir la fuerza hacia abajo.

Abra las manos en forma de abanico en la base de la columna, por encima de las caderas, y haga que se amolden a los costados de la espalda, mientras se desliza hacia los hombros y hacia la parte superior de los brazos.

Empiece por los hombros y deje que ambas manos se abran en abanico simultáneamente desde cada lado de la columna. Deslícelas hacia atrás. Con cada movimiento, abra las manos en abanico un poco más abajo para llegar todo lo lejos que pueda. Seguidamente, alterne ambas manos para estirar en diagonal la espalda.

Concéntrese en un lado de la espalda y, luego, en el otro. Haga que una mano trace un círculo completo y la otra mano, un semicírculo sobre el cuerpo, de forma que se cree un ritmo uniforme y constante. Esta presión es muy relajante.

Los movimientos que siguen debe realizarlos colocándose a un lado de la persona que recibe el masaje.

Efectúe una serie de movimientos circulares en la base de la espina dorsal, alternando las manos. Realice amasamientos suaves, lo suficientemente amplios para abarcar toda la zona.

Coloque una mano bajo el hombro de la pareja y, con la otra, haga un movimiento circular frotando intensamente la zona alrededor del omoplato con las yemas de los dedos. Empiece en la parte superior del hombro y baje por todo el hueso.

Con los pulgares, efectúe pequeños movimientos giratorios y firmes a ambos lados de la columna, comenzando desde la base. Cuando llegue al cuello, presione brevemente las cavidades de la base del cráneo. Deslice de forma rápida las manos hacia abajo y empiece de nuevo.

Ponga una mano sobre la otra y deslícelas haciendo presión desde la base de la columna hasta el cuello. Seguidamente, con el índice y el dedo medio, haga presión en los costados de la columna con una mano, mientras la otra continúa un movimiento de oscilación.

Para relajar zonas tensas sin hacer daño y trabajarlas profundamente, realice movimientos con los nudillos.

Tape a la pareja con una toalla y termine el masaje con un suave balanceo. Para realizarlo, sujete el hombro con la mano izquierda, mientras con la mano derecha balancea suavemente la región lumbar.

Manos

La tensión tiene tendencia a acumularse en los dedos y las muñecas, aunque no lleguemos a ser conscientes de ello. Estos ejercicios enseñan a relajar las manos y previenen el malestar y las deformaciones de la artritis

Pegue la palma de sus manos al dorso de las manos de la pareja. Apriete y estire la mano deslizando los dedos hacia fuera, sin dejar de presionar.

Con el pulgar y el índice masajee entre los huesos de la mano. Sujete la mano desde la muñeca y empiece este movimiento desde allí hasta los dedos. Tire de los dedos de la mano, uno a uno. Estírelos y hágalos girar, mientras los recorre hasta soltar las puntas.

Cabeza y cuello

Póngase detrás de la pareja y, con el índice y el pulgar, efectúe un masaje profundo en la frente, cara, nariz y costados del cuello. Sus manos deben recorrer con firmeza los rasgos faciales.

Ahora haga un masaje continuado y ligero pasando una mano tras otra. Su acción es rápida y relajante. Debe durar una décima parte del tiempo invertido en el masaje profundo.

Piernas

Utilice ambas manos para asir el pie. Recorra el contorno de las piernas con firmeza, de forma que sus dedos se doblen ligeramente. Utilice pulgares e índices y toda la palma de la mano de forma alternada. Debe aplicar este masaje profundo a toda la extremidad, desde el pie hacia arriba. Repítalo lentamente varias veces.

Apriete y pellizque la carne de los músculos anteriores del muslo y masejéelos suavemente. Masejee los muslos con los nudillos de ambas manos, prestando especial atención a la parte externa. Los movimientos deben ser firmes en la parte externa del muslo y suaves en la parte interna.

Realice movimientos circulares con las yemas de los dedos sobre el tobillo y los costados de la rodilla, y repita todo el ejercicio con la otra pierna.

Cuando haya terminado con ambas piernas, pida a la pareja que se eche boca abajo y repita todo el ejercicio con la parte trasera. Deslice las manos en un suave masaje de sentido ascendente por las pantorrillas para estimular la circulación sanguínea.

Ayudas para superar la sensación de estrés

Alimentación

Una dieta variada y equilibrada es uno de los pilares de la salud. Querer el propio cuerpo empieza por reducir al máximo los alimentos refinados y procesados, las grasas animales y, por supuesto, el azúcar y la sal.

Es importante que en la dieta se consuma abundante fruta fresca, ensaladas, hortalizas, verduras, cereales y productos integrales. La dieta debe ser rica y lo más variada posible, y debe incluir pescado. No ha de abusarse de la carne o los productos animales porque, además de su riqueza en grasas saturadas, el exceso de triptófano, un aminoácido presente en estos productos, puede causar somnolencia.

Algunos alimentos sumen a la mente en un estado de letargo, pesadez o irritación: productos no frescos, cocinados en exceso, recalentados del día anterior, los que contienen conservantes o colorantes artificiales, los quesos fermentados, galletas y pastas, el tabaco, los narcóticos, el alcohol...

El alcohol puede crear dependencia, deterioro de la agudeza intelectual y confusión, depresión y daños físicos graves en riñones e hígado, y en el organismo en general.

La cafeína, presente en el café, el té y las bebidas de cola, puede causar jaqueca, sopor, irritabilidad, nerviosismo y fatiga muscular. Si está pensando en dejar el café, hágalo progresivamente porque, de lo contrario, puede incrementar estos síntomas.

El exceso de azúcar, aunque proporciona energía instantánea, acaba por causar cansancio, depresión e irritabilidad, mientras que la sal es causa directa de hipertensión, enfermedades cardiovasculares y, también, estrés.

Alimentación sana

Las frutas pueden reemplazar perfectamente a los pasteles u otros postres poco sanos. Pruebe a mezclar fruta fresca o seca con yogur, o a hervirla ligeramente y rociarla con muesli y un poco de miel para hacerla más apetitosa.

Coma las hortalizas muy ligeramente cocidas, preferiblemente al vapor. Si puede, es mejor tomarlas crudas, ya sea solas o en ensalada. Las hortalizas aportan fibra, pero además debe comer todos los días alguno de estos alimentos: harina de trigo integral, pan, macarrones, arroz integral, maíz, judías, legumbres secas, frutos secos o patatas.

Utilice la carne con moderación. Es mejor que sea magra, aunque debe quitarle toda la grasa que aún se observe. Cocínela a la parrilla, a la plancha o al horno, envuelta en papel de aluminio.

Los pescados aceitosos, como la caballa, el arenque y el salmón, constituyen una buena fuente de beneficiosos ácidos insaturados.

Si se siente nervioso o estresado, coma fruta fresca. Para este propósito son excelentes las manzanas o las peras, aunque también puede optar por un melocotón.

❖ ❖ ❖

Zumos naturales e infusiones

Zumos de fruta y hortalizas

Por la mañana, consuma zumos naturales e infusiones que le ayudarán a afrontar el día. Licúe las diferentes frutas u hortalizas por separado y mezcle luego los zumos.

Para preparar un energético zumo matutino para tres personas, licúe cuatro zanahorias grandes, tres manzanas, un limón y una naranja.

Para evitar la fatiga, licúe 250 g de naranja, 250 g de manzana y 50 g de limón, pero si su problema es el insomnio, prepare zumo con 100 g de lechuga y 100 g de remolacha, y tómelo justo antes de acostarse.

Todas las frutas son excelentes para el organismo, pero puede aprovechar las cualidades de cada una en concreto:

- **Albaricoque**: previene las enfermedades infecciosas.
- **Cereza**: baja el nivel de ácido úrico en la sangre y estimula la digestión, preparando el estómago.

- **Fresa**: estimula las diferentes funciones del metabolismo.
- **Fruta de la pasión**: refuerza el sistema inmunitario.
- **Grosella**: mantiene elásticos y fuertes los vasos sanguíneos.
- **Limón**: fortalece el corazón y regula la presión de la sangre.
- **Mandarina**: fortalece el organismo.
- **Mango**: regenera la sangre.
- **Manzana y melocotón**: tonifican el organismo.
- **Melón**: limpia el organismo y tiene propiedades antioxidantes.
- **Mora**: previene la anemia.
- **Naranja**: fortalece las defensas naturales y revitaliza el organismo.
- **Pera**: es diurética y fomenta la actividad cerebral.
- **Piña**: depura el organismo y aclara la mente.
- **Uva**: estimula la circulación sanguínea y limpia el organismo.

Infusiones y hierbas

Si sufre agotamiento, pruebe a disolver una cucharadita de polvo de guaraná en agua o zumo y tómelo por la mañana antes del desayuno. También puede preparar una decocción de raíz de ginseng para tonificar el organismo y evitar la fatiga física e intelectual, la falta de concentración y la astenia. Haga una decocción al 10 % de 20 a 60 g de raíz al día.

Como calmante, puede usar compresas de abedul. Para ello, prepare una infusión de hojas en una proporción de 50 g por litro.

Para el nerviosismo, irritabilidad e insomnio, haga una infusión de 2 g de pétalos de amapola por taza, déjela reposar cinco minutos y tome tres o cuatro veces al día. Asegúrese que la amapola que está usando es *Papaver rhoeas*.

Si sufre tensión muscular, prepare una infusión de inflorescencias femeninas de lúpulo a razón de una cucharada sopera por taza de agua. Deje reposar 10 minutos y realice tres tomas diarias.

Como tónico, puede usar la infusión de una cucharada sopera de yemas de álamo negro por taza. Déjela reposar 15 minutos y tómela tres veces al día.

Para combatir el estrés, nerviosismo, insomnio, taquicardias, tics faciales, rigidez muscular, reglas dolorosas, ansiedad e irritabilidad, es excelente la pasiflora. Haga una infusión de 2-3 g de la planta por taza, déjela reposar 10 minutos y tómela tres veces al día.

Aromaterapia

Los aceites usados en aromaterapia tienen un efecto sutil y profundo en la mente y el cuerpo. Cuando se inhalan, influyen en el sistema cerebral y nervioso y ayudan a cambiar el estado de ánimo aportando una mágica energía. Si son absorbidos por la piel, los elementos más poderosos y activos penetran en los tejidos y en la corriente sanguínea.

Hay diversas formas de utilizarlos: inhalarlos directamente mezclando de dos a seis gotas de aceite en agua hirviendo; añadir algunas gotas al agua de baño; poner dos gotas en la almohada para estimular el sueño; preparar un ambientador con dos gotas de aceite esencial mezcladas en 100 mL de agua; quemarlos para impregnar el ambiente; perfumar los suelos añadiendo dos gotas al agua de fregar, etc.

Los aceites deben almacenarse en frascos de cristal oscuro, perfectamente cerrados, en un sitio sin luz y, a ser posible, fresco.

No utilice los aceites puros sobre la piel, hay que diluirlos. Siga las instrucciones y evite el uso prolongado de un mismo aceite.

Aceites vehiculares

Con el fin de diluir los aceites esenciales para efectuar masajes, utilice un aceite vehicular. El aceite de albaricoque constituye un hidratante natural y posee gran capacidad de penetración; el aceite de girasol contiene vitamina E y es muy adecuado para masajes; el aceite de soja es ligero y nutritivo, y muy indicado para la piel grasa, y el aceite de almendras dulces es ideal para los bebés.

Algunos aceites pueden utilizarse para complementar los anteriores: el aceite de zanahorias es rico en vitamina A, aunque sólo debe usarse al 10 % porque puede colorear la piel; el aceite de aguacate suaviza la piel y se absorbe con facilidad; el de jojoba es especialmente adecuado para el rostro, y el de germen de trigo, rico y viscoso, evita que los otros aceites se enrancien, aunque sólo debe usarse al 10-20 % porque tiene un fuerte olor.

Preparación de los aceites

Para preparar los aceites, elija un aceite vehicular o una mezcla de aceites. Decante el aceite vehicular en un frasco oscuro, elija dos o tres aceites esenciales, calcule la cantidad de gotas que necesita y añádalas al aceite vehicular. Agite antes de usar.

Para calcular el número de gotas de aceite esencial, divida los mililitros de aceite vehicular entre 2. Si va a usar varios aceites, distribuya el número de gotas de cada uno, según los efectos que quiera obtener, hasta llegar al total.

Para pieles sensibles puede hacer una mezcla más suave: divida los mililitros de aceite vehicular entre 4.

Para los bebés y niños utilice sólo una gota de aceite esencial por 10 mL de aceite vehicular.

Además de tener en cuenta las propiedades de cada aceite esencial que vaya a usar, debe procurar que la mezcla de olores resulte atractiva para quien va a recibir el masaje.

Propiedades de los aceites

- **Manzanilla**. Sirve para calmar y suavizar. La manzanilla romana es especialmente calmante y alivia la ansiedad, el insomnio, los dolores de cabeza causados por la tensión, y los dolores premenstruales. También alivia los dolores musculares, la hinchazón en las articulaciones y las torceduras. Utilice muy poca cantidad de aceite porque el aroma es muy intenso. El amaro y la lavanda refuerzan su naturaleza sedante.

- **Nerolí**. Es un aceite sumamente beneficioso en el tratamiento de los ataques de pánico y el insomnio. La lavanda aumenta sus cualidades sedantes.
- **Petitgrain**. A un precio mucho más asequible que el nerolí, es también beneficioso para los nervios y para la tensión, el insomnio y el *jet-lag*. Un buen baño con petitgrain combate la fatiga y alivia la ansiedad. El amaro acentúa sus efectos sedantes.
- **Rosa**. El aceite de rosa es antidepresivo, mejora el estado de alerta y proporciona un sueño más reparador. La lavanda realza su frescura.
- **Menta.** La menta mejora el estado de atención y ayuda a aliviar el dolor de cabeza. Masajee las sienes con aceite diluido.
- **Amaro**. Es un sedante sumamente potente que favorece la somnolencia y proporciona una intensa sensación de bienestar.
- **Geranio**. Es antidepresivo y un relajante excelente para quienes sufren tensión nerviosa, y ayuda a regular los cambios de humor asociados a la tensión premenstrual. Para esta última aplicación, puede realizar un masaje calmante sobre la espalda o el abdomen, o aplicar una compresa caliente con cuatro gotas de aceite esencial en el abdomen o en los pechos.
- **Lavanda**. Se utiliza por sus propiedades sedantes y por sus cualidades para tratar el insomnio (puede colocar una gota en la almohada). La mejorana acentúa su efecto sedante.

- **Toronjil**. Es refrescante y calmante para la mente y el cuerpo. Ayuda a quienes padecen aflicción, depresión o ansiedad, pues restablece el equilibrio emocional. También regula las irregularidades menstruales causadas por trastornos emocionales. Utilícelo para dar un masaje por todo el cuerpo o en el agua de baño. Los aceites cítricos aumentan sus cualidades sedantes.
- **Mejorana**. Se usa para tratar el insomnio o aliviar estados nerviosos. Es también adecuada para las contracturas musculares y para los dolores o rigidez causados por un exceso de ejercicio. El romero y el eucalipto refuerzan su capacidad de aliviar dolores musculares, mientras que la lavanda acentúa sus cualidades sedantes.
- **Sándalo**. El sándalo calma la mente y es sedante, ayuda a regular las emociones y da sensación de paz. Queme el aceite o úselo en mezclas para masaje.

Cómo tratar los trastornos con aceites esenciales

Para tratar el agotamiento nervioso pueden usarse aceites vigorizantes como hierba limonera, mandarina o romero, dando un masaje lento por la espalda o en el agua de baño.

Si su problema es la falta de seguridad, use aceites estimulantes y refrescantes como amaro, bergamota, jazmín, manzanilla, mandarina, naranja, rosa y sándalo. La forma de aplicarlos consiste en dar un masaje total al cuerpo o un masaje vigorizante en el pie.

Si padece insomnio o no puede desconectarse fácilmente de los problemas del día, añada ocho gotas de aceite esencial de lavanda, manzanilla, petitgrain, mejorana, nerolí o naranja (o una combinación de dos o tres aceites esenciales) a 20 mL de aceite vehicular, y haga un masaje lento y pausado en la espalda.

Para calmar el sistema nervioso central y contrarrestar la fatiga mental es adecuada la hierba limonera, que también tiene propiedades analgésicas. Debe usar diluciones débiles porque puede irritar la piel. El aceite de romero aumenta sus virtudes refrescantes.

Para los músculos cansados y tensos, puede usar aceite de eucalipto, que confiere calor y es analgésico y antiinflamatorio. También es excelente para el aparato respiratorio.

Si sufre dolores de cabeza, ya sea por tensión o por padecer migraña o neuralgia, son útiles los aceites de geranio, lavanda, manzanilla, mejorana, menta, petitgrain, romero y rosa. Puede aplicarlos realizando un masaje en hombros, cuello, rostro y cuero cabelludo, o poniendo una compresa fría con dos gotas de aceite esencial sobre la frente (especialmente, menta).

Para la tensión, la ansiedad y la incapacidad de desconectar, son excelentes el enebro, hierba limonera, lavanda, manzanilla, petitgrain, sándalo, nerolí y naranja. Haga un masaje del cuerpo con movimientos lentos y rítmicos e insista especialmente en hombros y cuello. El enebro es calmante y refrescante; el petitgrain proporciona un increíble alivio a un precio muy asequible; la hierba limonera puede ser muy útil para los atletas, y la lavanda es analgésica.

Para calmar el dolor de espalda use aceites de romero, eucalipto, manzanilla, lavanda, enebro o toronjil. Haga un buen masaje en la espalda, insistiendo con movimientos circulares en los puntos conflictivos (zona lumbar, cuello, hombros, clavículas...); presione suavemente en la base de la columna para aliviar la tensión. También puede aplicar una compresa caliente con dos gotas de aceite esencial.

Remedios florales de Bach

Según el Dr. Edward Bach, la enfermedad tiene su origen en dos errores fundamentales: la personalidad no actúa en armonía con su alma y la personalidad atenta contra el «principio de unidad», es decir, al obrar contra los intenciones de su Yo Superior, lo hace también automáticamente contra los intereses de la Gran Unidad con la que su alma está enérgicamente ligada.

Quizás en los tiempos actuales, las explicaciones del Dr. Bach puedan parecer pintorescas, sobre todo a personas no demasiado interesadas en el tema. De todas formas, sus remedios florales han demostrado su eficacia, reconocida por la Organización Mundial de la Salud, y pueden representar una importante ayuda para aliviar estrés, tensiones y agotamiento, y suavizar algunos rasgos de carácter negativos.

A diferencia de casi todos los demás sistemas occidentales, el Dr. Bach parte de la ley del alma, o sea, de un dominio superior de causas. En su diagnóstico no se orienta por los síntomas negativos, sino por los estados anímicos negativos.

El Dr. Bach no combate tales estados, sino que los inunda de vibraciones energéticas armónicas superiores y los hace retornar a su armonía.

El principio fundamental del sistema floral es la «simplicidad», cualidad que tiene relación con la unidad, la perfección y la armonía.

Esencias florales y síntomas

Las flores de Bach son 38. Aquí ofrecemos una breve descripción de cada una porque, por una u otra razón, todas se vinculan directamente al estrés o a las características de la personalidad que pueden llevar a la tensión, la frustración y la agresividad.

Los síntomas más negativos se dan en personas que viven de forma relativamente inconsciente. Quienes tienen más conciencia de sí mismos suelen presentar síntomas sutiles y, por tanto, menos reconocibles. Es importante no tomar los síntomas descritos al pie de la letra, sino como tendencias; basta con uno o dos síntomas muy claros para justificar la elección.

El tratamiento con esencias florales

Una vez haya determinado las flores que debe incluir en su fórmula, para lo que puede servir de ayuda el test que se incluye posteriormente, debe preparar ésta.

Si lo que quiere es un remedio para pocos días, debe diluir dos gotas de cada uno de las esencias florales que precisa en un vaso de agua. Tome el preparado durante unos días hasta que ceda el estado agudo en el que se encuentra. Puede ser útil tomar las flores de esta forma durante unos días para ayudar a clarificar qué nos sucede, y seguir posteriormente un tratamiento más prolongado.

Para tratamientos duraderos, en un frasco de cristal de 30 mL prepare dos gotas de cada una de las esencias florales y 10 gotas de coñac para conservarlo. En verano, guarde las esencias en la nevera.

No combine más de seis esencias en cada mezcla. Si le sale, en un principio, un número mayor de esencias, intente escoger las que correspondan a los aspectos más sobresalientes de su estado actual. Todas las esencias armonizan entre sí.

Tratamiento posterior

Después de un mes de realizar el tratamiento, contraste su estado actual con el original y vuelva a someterse al test para escoger las esencias que debe incluir en la nueva fórmula. Quizá deba tomar algunas que no incluyó en el preparado anterior, o que algunos problemas fueran secundarios y los haya solucionado con las que finalmente escogió. Aparecerán nuevas esencias, aunque continuará precisando algunas de las ya utilizadas porque se corresponden más con su carácter.

«Rescue remedy»

Se trata de un remedio de urgencia ante cualquier *shock* o sobresalto: no debe reemplazar nunca el tratamiento médico, pero puede apoyarlo para conseguir que el individuo se sienta anímicamente mejor. Téngalo siempre a mano porque puede servirle para sentirse mejor en caso de que sufra cualquier contratiempo o problema: disputas familiares, separación, visita al dentista, sustos, atmósferas cargadas de estrés en el trabajo, situaciones tensas, una mala noticia, etc.

Este remedio de urgencia se puede adquirir ya preparado en los establecimientos que venden esencias florales de Bach; consta de las siguientes esencias:

- **Star of Bethlehem**: contra el miedo y la obnubilación.
- **Rock Rose**: contra el terror y el pánico.
- **Impatiens**: contra el estrés y la tensión mental.
- **Cherry Plum**: contra el miedo a perder el control.
- **Clematis**: contra la tendencia a sentirse lejos del problema, a abandonarse.

Si elabora el remedio usted mismo, vierta cuatro gotas en un vaso de agua y tómelo a sorbos hasta que se sienta mejor. Beba el resto poco a poco, tomando un sorbo cada 15, 30 o 60 minutos.

Rescue Remedy también puede combinarse con otras esencias florales.

Flores que curan

Agrimony (agrimonia)

Tiene relación con la capacidad de encarar la realidad y con la alegría.

Síntomas en estado de bloqueo: huida de los pensamientos que preocupan buscando distracciones; continuo movimiento para no caer en cavilaciones; sonreír siempre, pase lo que pase; negar que se tienen problemas; disimular las molestias en caso de enfermedad.

Aspen (álamo temblón)

Está ligado a las capacidades del alma de intrepidez, superación y resurrección, y a la comprensión de mundos espirituales más elevados.

Síntomas en estado de bloqueo: sensación de incomodidad; fantasía desbocada; supersticiones; pesadillas;

temor a una fuerza invisible; temor a la persecución y al castigo, miedo a la religión, la oscuridad, la muerte y los temas ocultos.

Beech (haya)

Se relaciona con la compasión y la tolerancia.

Síntomas en estado de bloqueo: tendencia a examinar con lupa a los demás, encontrando defectos en todo; carencia de comprensión e indulgencia, se erige como un juez; reacciones mezquinas, pedantes e inflexibles; endurecimiento, irritabilidad o reacciones desmesuradas ante cualquier fallo, por pequeño que sea.

Centaury (centaura)

Se relaciona con la autodeterminación y la propia realización.

Síntomas en estado de bloqueo: servicialidad hasta la sumisión; pasividad y pérdida de voluntad; influenciable, sin propio criterio; tendencia desmedida a desvivirse para caer bien a los demás; se halla bajo el yugo de una personalidad egoísta; hace cosas que no desea por gustar; no defiende sus intereses aunque así lo quiera; da más de lo que tiene, lo que le provoca una gran angustia interna; vive obsesionado de su imagen.

Cerato (ceratostigma)

Está ligado a la intuición, al valor, a la fuerza y espontaneidad, y al entusiasmo.

Síntomas en estado de bloqueo: petición constante de consejo, hasta el punto que irrita a los demás interrumpiendo con innumerables preguntas; desconfianza en la propia competencia; causa la impresión de ser crédulo y cándido; da exagerado valor a la opinión de los demás.

Cherry Plum (Prunus cerasifera)

Relacionado con la franqueza y la serenidad, y con una conexión a la fuente energética mental.

Síntomas en estado de bloqueo: lucha por el autodominio; afloran impulsos violentos y teme hacer algo que nunca haría; ideas fijas, alucinaciones y tensión interior; accesos de ira repentinos; fuerte temor a enloquecer.

Chestnust Bud (brote de castaño)

Tiene relación con el aprendizaje.

Síntomas en estado de bloqueo: lentitud en aprender de la vida; prefiere lanzarse a una nueva experiencia en lugar de disfrutar de la última; no puede aprender de las experiencias de los demás.

Chicory (achicoria)

Se vincula a la capacidad anímica del sentimiento maternal y el amor abnegado.

Síntomas en estado de bloqueo: egoísmo, despotismo y tendencia a aglutinar a la familia a su alrededor imponiéndole su tiranía; cuando no logra imponerse, su actitud se vuelve autocompasiva; amor condicionado y condicional, coacciones afectivas; autocompasión.

Clematis (clemátide)

Relacionado con la capacidad anímica del idealismo creador, del ensimismamiento en el mundo de la ilusión y de la fantasía, y con la creatividad encendida.

Síntomas en estado de bloqueo: tiende a evadirse mentalmente y a soñar despierto; distracción y falta de atención; papel importante de la fantasía en su vida; mirada distante; no vive en el presente; se refugia en ideas fantásticas e ilusorias cuando existen dificultades.

Crab Apple (manzano silvestre)

Relacionado con el orden, la limpieza y la perfección.

Síntomas en estado de bloqueo: obsesión por la limpieza; sentimientos de odio hacia uno mismo por haber hecho algo que no armoniza con su interior; necesidad de lavarse; manías; perfeccionismo; obsesión por las bacterias, el polvo, la suciedad, los insectos...

Elm (olmo)

La esencia de la responsabilidad y el altruismo.

Síntomas en estado de bloqueo: la persona se siente superada por sus deberes; fases de agotamiento y desaliento en personas de carácter fuerte; tendencia a asumir demasiadas responsabilidades.

Gentian (genciana)

La fe, pero no solo en el sentido religioso, y la capacidad para enfrentarse a conflictos.

Síntomas en estado de bloqueo: sentimientos depresivos sin motivo aparente; inseguridad por falta de fe y confianza; derrumbamiento por contratiempos pasajeros.

Gorse (aulaga)

La esperanza y la aceptación del destino.

Síntomas en estado de bloqueo: no se atreve a esperar un cambio en su situación; depresión; resignación y fatiga interior; espera que la solución venga de fuera; si acepta seguir alguna terapia, se decepciona ante la más pequeña recaída.

Heather (brezo)

Relacionado con la comprensión y el altruismo.

Síntomas en estado de bloqueo: necesidad de hablar con todos sobre sí mismo; dependencia; no soporta estar solo; dificultades para escuchar a los demás; necesidad de cariño; egocentrismo.

Holly (acebo)

Representa el amor divino universal, personas que viven en armonía interior e irradian amor.

Síntomas en estado de bloqueo: insatisfacción, frustración, desconfianza, celos, deseos de venganza; se alegra a menudo del mal ajeno; sospechas hacia los demás; ira y cólera.

Honeysuckle (madreselva)

Tiene relación con la capacidad para transformarse, para no anclarse en el pasado.

Síntomas en estado de bloqueo: referencias continuas al pasado; no superar pérdidas y vivir de recuerdos; poco interés por los problemas actuales; ganas de volver atrás para empezar de nuevo.

Hornbeam (hojarazo)

Relacionado con la vida interior y con el dinamismo espiritual.

Síntomas en estado de bloqueo: sensación interior de adormecimiento; pereza mental; falta de ímpetu, de estímulo y pocas ganas de afrontar el día; extenuación anímica por exigencias rutinarias, cualquier cosa representa un gran esfuerzo; se anima cuando algún acontecimiento interesante lo saca de su noria; se levanta más cansado de lo que estaba por la noche.

Impatiens (impatiens)

Relacionado con la paciencia en personas rápidas en apreciar, pensar y obrar.

Síntomas en estado de bloqueo: elevado ritmo interior que provoca tensiones mentales; nerviosismo ante cualquier demora o aplazamiento; le enervan las personas «lentas», que no tienen la rapidez que él desea; prontos frecuentes; movimientos nerviosos.

Larch (alerce)

Se relaciona con la confianza en uno mismo, con el sentido realista y la capacidad de perseverar.

Síntomas en estado de bloqueo: espera los fracasos; falsa modestia; sensación de inutilidad e impotencia; falta de decisión a la hora de hacer cosas.

Mimulus (mímulo)

Relacionado con la valentía y la confianza, con la sensibilidad y la delicadeza.

Síntomas en estado de bloqueo: hipersensibilidad de todo tipo; miedos y fobias; timidez; risa nerviosa; habla mucho por nerviosismo; es proclive a enfermar cuando se acercan acontecimientos que lo asustan.

Mustard (mostaza)

Relacionado con la claridad interior, la serenidad y la estabilidad.

Síntomas en estado de bloqueo: profunda tristeza, pesimismo; estados que no puede controlar y lo asustan; sentimiento de estar excluido de la vida normal; ensimismamiento en la propia melancolía; el presente no importa, ya que todo se centra en esta sensación negativa.

Oak (roble)

La fuerza, la resistencia y la perseverancia, la capacidad para soportar cargas pesadas.

Síntomas en estado de bloqueo: no se lamenta aunque esté exhausto; soporta la carga de los demás; se esfuerza por no dejar traslucir el cansancio y la debilidad; excesivo sentido del deber.

Olive (olivo)

La regeneración, la fuerza y la vitalidad, el equilibrio restaurado.

Síntomas en estado de bloqueo: extenuación después de una larga sobreexigencia, por enfermedad o por una prolongada atención aun estando enfermo; falta de vitalidad; necesidad de sueño; alternancia de fases de extrema vitalidad y sumo agotamiento.

Pine (pino)

Relacionado con la capacidad de arrepentimiento y el perdón.

Síntomas en estado de bloqueo: sacrificios no razonables que rayan el masoquismo; continuas disculpas por cualquier motivo; si obtiene algún éxito, siempre piensa que podría haberlo hecho mejor o que no puso todo lo que podía; cargos de conciencia; piensa que no se ha ganado el amor de los demás; se exige más que a los demás.

Red Chestnut (castaño rojo)

La solicitud y el amor al prójimo.

Síntomas en estado de bloqueo: preocupación exagerada por la seguridad e integridad física de los demás; hacer suyas las preocupaciones de los demás; pensar siempre lo peor; tener siempre en la boca la palabra «cuidado».

Rock Rose (heliantemo)

Relacionado con el valor, hasta llegar al heroísmo, y con la constancia.

Síntomas en estados de bloqueo: pánico interior; sistema nervioso desquiciado; debilidad nerviosa; miedo paralizante.

Rock Water (agua de roca)

Relacionado con la capacidad de adaptación, la vitalidad y la alegría de vivir, y la libertad interior.

Síntomas en estado de bloqueo: afán de perfección; tendencia a reprimir las propias necesidades y consecuente pérdida de la alegría de vivir; obsesión por algún aspecto de la espiritualidad, como técnicas de meditación o vegetarianismo; negación de las necesidades físicas y mentales.

Scleranthus (Scleranthus)

Se relaciona con la capacidad de determinación y con el equilibrio interior.

Síntomas en estado de bloqueo: indecisión y pérdida de oportunidades debido a ella; crisis nerviosas; falta de concentración, de conocimiento de los propios intereses; saltos de un tema a otro; cambios bruscos en numerosas esferas de la vida: de la glotonería a la inapetencia, de la actividad a la apatía...

Star of Bethlehem (leche de gallina)

Relacionado con la capacidad de reorientarse, de superar experiencias fuertes o *shocks*.

Síntomas en estado de bloqueo: pesar paralizante y tristeza; se arrastran problemas antiguos; dificultades para superar el pasado; cambios físicos como voz velada o paso tambaleante.

Sweet Chestnut (castaño dulce)

Relacionado con el crecimiento y con el resurgir.

Síntomas en estado de bloqueo: sensación de haber alcanzado el punto máximo de resistencia; situación desesperada sin salidas; sensación de total desvalidez y aislamiento.

Verbain (verbena)

Vinculado a la autodisciplina, al entusiasmo por una idea o causa.

Síntomas en estado de bloqueo: imponer a los demás su felicidad y la forma en que deben comportarse; deseo de convertir a los demás, a los cuales avasalla por un exceso de energía; defensa de un tema o una idea hasta la muerte; movimientos rápidos y nerviosismo al hablar.

Vine (vid)

Relacionado con la autoridad.

Síntomas en estado de bloqueo: seguridad extrema en sí mismo; problemas con la obediencia; sentimiento de superioridad que «le autoriza» a imponer su voluntad a los demás; carácter duro y despiadado; intenta imponer su razón a todos los temas, aunque no tenga ni idea.

Walnut (nogal)

Relacionado con un nuevo comienzo y con seguir fiel a uno mismo.

Síntomas en estado de bloqueo: sabe lo que quiere, pero cuando debe empezar una nueva fase, tienc dificultades para permanecer fiel a sí mismo; ha tomado una decisión vital, pero le falta dar el último paso para concretarla; no consigue dejar atrás las limitaciones, los antiguos hábitos y las influencias, aunque lo intenta; a veces, puede sentirse desbordado por demasiados cambios en su vida.

Water Violet (violeta de agua)

Relacionado con la humildad y la sabiduría.

Síntomas en estado de bloqueo: arregla todo por sí mismo y no molesta a nadie con sus problemas; le gusta retraerse; puede tener dificultades para iniciar un acercamiento; puede convertirse en un pañuelo de lágrimas universal.

White Chestnut (castaño blanco)

Se relaciona con la tranquilidad espiritual y la capacidad de discernimiento.

Síntomas en estado de bloqueo: pensamiento obsesivo; siempre se va a parar al mismo lugar por muchas vueltas que se den; incapacidad para vislumbrar otras salidas; incesante diálogo interior; se dan vueltas y vueltas a todo; dificultades para dormir debido a la tortura mental.

Wild Oat (avena silvestre)

Relacionado con la vocación y la conciencia de los propios deseos y objetivos.

Síntomas en estado de bloqueo: insatisfacción constante, frustración y tedio por falta de dirección; ambición indefinida; talentos y aptitudes no aprovechados; energía mal encaminada.

Wild Rose (rosa silvestre)

Se vincula a la entrega y a la motivación interior, a hallar nuevos intereses cada día.

Síntomas en estado de bloqueo: claudicación interior, aunque las condiciones exteriores no sean en modo alguno tan desesperadas; fatalismo y conformismo; falta de capacidad de autosuperación y lucha; sensación de que el problema está en uno mismo y no hay remedio; apatía y desinterés totales.

Willow (sauce)

Se relaciona con la responsabilidad y la mentalidad constructiva.

Síntomas en estado de bloqueo: actitud amargada, con rencor al propio destino; sensación de ser tratado injustamente por los hados; exige del destino, aunque no está dispuesto a actuar; sensación de impotencia; ira callada que no explota.

❖ ❖ ❖

Preguntas orientativas

Para determinar las flores que precisa, puede servirse de este cuestionario. Señale las preguntas con las que se sienta en gran manera identificado:

1. ¿Tiene necesidad de disimular que se encuentra en una situación desagradable o en un mal momento?
2. ¿Tiene una sensación indeterminada de peligro o amenaza?
3. ¿Le resulta difícil tolerar los fallos de los demás?
4. ¿Le cuesta decir «no»?
5. ¿Duda de que su opinión sea correcta?
6. ¿Se dedica a fantasear, a evadirse de su realidad con la imaginación?
7. ¿Teme perder el control sobre sus sentimientos y emociones?
8. ¿Se encuentra siempre con las mismas dificultades?
9. ¿Se siente ofendido porque los demás no saben apreciar sus consejos?

10. ¿Tiene una profunda necesidad de orden y limpieza y le saca de quicio que algunas cosas estén fuera de su sitio, aunque sean pequeños detalles?
11. ¿Tiene más responsabilidades de las que habitualmente puede soportar?
12. ¿Se siente desanimado porque las cosas resultan de forma distinta a como había esperado? ¿Su estado de ánimo es de pesimismo o escepticismo?
13. ¿Le parece que ha perdido casi toda esperanza?
14. Afectivamente, ¿se ocupa casi en exclusiva de sí mismo? ¿Está demasiado pendiente de usted mismo y le cuesta interesarse por los demás?
15. ¿Siente celos o rabia y rechazo hacia otras personas? ¿Teme ser engañado?
16. ¿Hay algún capítulo de su pasado que no esté cerrado y que todavía le provoque resentimiento? ¿Lamenta que las cosas ya no sean como antes y añora el pasado?
17. ¿Le faltan ánimos para enfrentarse a su vida cotidiana?
18. ¿Tiene poca paciencia últimamente?
19. ¿Se siente inferior a otros?
20. ¿Tiene miedo de personas o situaciones determinadas?
21. ¿Se siente melancólico sin saber por qué?
22. ¿Está en una situación que le exige mucho esfuerzo pero en la que siente que debe seguir hasta el final?
23. ¿Se siente apagado y sin fuerzas?
24. ¿Se reprocha no haber dado más de sí mismo, no haber puesto más esfuerzo e interés, no haber luchado más?

25. ¿Cree que no ha conseguido superar una relación de dependencia con alguna persona?

26. ¿Siente un gran miedo o pánico interiores?

27. ¿Se obliga a vivir de acuerdo con determinadas reglas o principios y, en consecuencia, se siente mal cuando hace excepciones?

28. ¿Duda entre dos posibles decisiones a menudo? ¿Cambia a menudo de opinión o humor?

29. ¿Ha experimentado algo que todavía no ha superado psicológicamente?

30. ¿Se siente afectado por una sobrecarga anímica y no ve salida?

31. ¿El entusiasmo le lleva a presionarse usted mismo o a los demás?

32. ¿Siente la necesidad de imponer su voluntad?

33. ¿Permite que la opinión de otras personas le produzca inseguridad en lo que se refiere a la consecución de sus objetivos?

34. ¿En estos momentos no quiere molestar a otros con sus problemas? ¿Tiene dificultades para acercarse a los demás y está aislado, quizá por un exceso de altanería y autosuficiencia?

35. ¿Su mente está atormentada por pensamientos no deseados?

36. ¿Le resulta difícil tomar una decisión debido a un exceso de planes e ideas?

37. ¿Se siente apático, sin alegría de vivir?

38. ¿Se siente tratado injustamente por el destino?

Respuestas

1. Agrimony.
2. Aspen.
3. Beech.
4. Centaury.
5. Cerato.
6. Clematis.
7. Cherry Plum.
8. Chestnut Bud.
9. Chicory.
10. Crab Apple.
11. Elm.
12. Gentian.
13. Gorse.
14. Heather.
15. Holly.
16. Honeysuckle.
17. Hornbeam.
18. Impatiens.
19. Larch.
20. Mimulus.
21. Mustard.
22. Oak.
23. Olive.
24. Pine.
25. Red Chestnut.
26. Rock Rose.

27. Rock Water.
28. Scleranthus.
29. Star of Bethlehem.
30. Sweet Chestnut.
31. Verbain.
32. Vine.
33. Walnut.
34. Water Violet.
35. White Chestnut.
36. Wild Oat.
37. Wild Rose.
38. Willow.

Acupresión

Es una terapia similar a la acupuntura, pero que utiliza la presión de los dedos en lugar de las agujas. Es útil para aliviar dolores y para reducir el cansancio y la tensión.

La presión que se ejerce con los dedos en determinados puntos del cuerpo estimula o calma el flujo de energía vital a través de los canales o meridianos. Los puntos y meridianos corresponden a los de acupuntura.

Dirección de la presión

Si tiene problemas de tensión nerviosa y estrés, coloque el dedo sobre el punto afectado y realice movimientos circulares en el sentido antihorario.

Si debe estimular un punto para curar el cansancio o la falta de energía, por ejemplo, la presión debe ser mayor, y el sentido del movimiento, igual al de las manecillas del reloj.

Para conseguir el efecto deseado debe presionar durante algunos minutos. Sabrá que ha encontrado el punto exacto cuando la persona que recibe la presión siente alguna sensación o molestia.

Cuando aplique esta técnica, relájese y respire lentamente. Trate de soltar el aire cuando su pareja inspire para lograr un intercambio armonioso.

❖ ❖ ❖

Los puntos del cuerpo

La acupresión puede aliviar la tensión ocular, cansancio, jaquecas, neuralgias, migrañas, dolor de muelas, catarros y tensiones musculares en general. Para encontrar un punto, presione suavemente hasta que el receptor tenga una sensación clara y definida. No apoye nunca el dedo en el párpado superior.

Puntos en la cara

El punto situado entre las cejas alivia las molestias en los ojos, mareos y trastornos del estómago y pantorrillas (fig. 14).

Los puntos situados en las cejas y en la parte inferior de los ojos se relacionan con cansancio ocular, mala concentración, sinusitis, fiebre del heno y otras alergias.

Los dos puntos situados entre los ojos se relacionan con el cansancio ocular y los problemas de estómago.

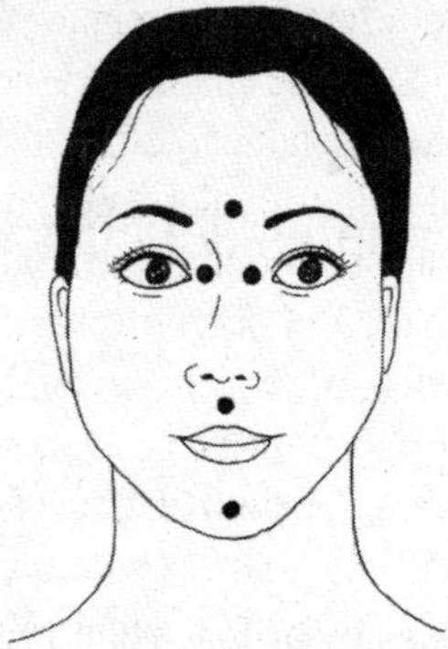

fig. 14

En los pómulos se encuentran los puntos que alivian la sinusitis y evitan la retención de líquido alrededor de los ojos (fig. 15).

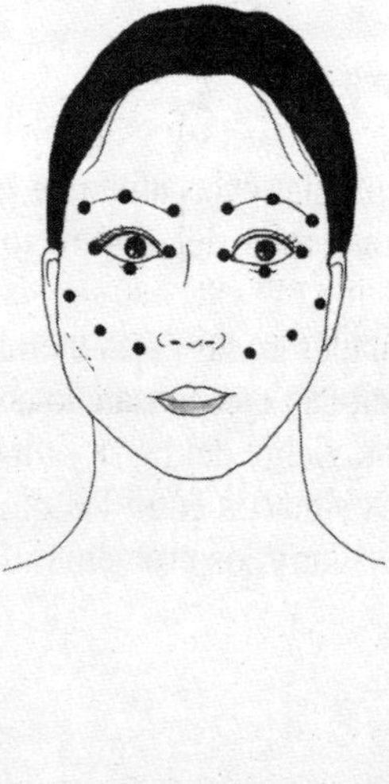

fig. 15

Los puntos de las sienes y la mandíbula alivian la neuralgia y la tensión muscular, y los puntos en la cabeza producen relajación general y alivian los dolores de cabeza.

Puntos en el cuello

Los puntos del cuello y de los hombros pueden curar dolores de cabeza, migraña y tensión. Haga presión en ambos lados del cuerpo a la vez (fig. 16).

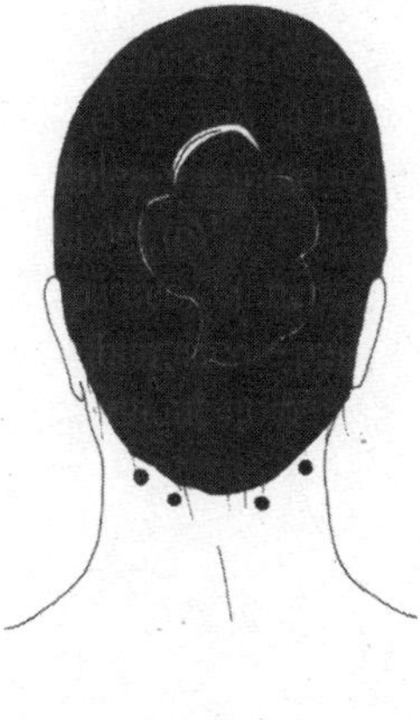

fig. 16

Soluciones a corto y a largo plazo

Problemas de salud

Migraña

La única solución a corto plazo es acostarse en un cuarto a oscuras y en silencio. Tome el remedio que suele utilizar antes de que se desencadene el ataque completamente.

Puede pedir a alguien que le dé un masaje en la cabeza y en el cuello. Pida que presione sus sienes con las yemas de los dedos. También puede ser útil hacer presión en el punto Hoku de la mano (se halla en la parte carnosa ubicada entre el pulgar y el índice) durante cinco minutos.

Use en esos momentos una técnica de relajación, como tensar y relajar alternativamente grupos musculares de la cabeza, el cuello y los hombros.

Para solucionar la migraña a largo plazo, evite las comidas que pueden provocarla: chocolate, queso, bebidas alcohólicas, café, bebidas de cola, fritos, frutos secos y productos lácteos.

Observe si el dolor de cabeza se produce en los períodos premenstruales o si guarda relación alguna con la menstruación.

Dolor de cabeza

A todo el mundo le duele la cabeza de vez en cuando, pero si la tensión es continuada, puede convertirse en el «estado normal».

El dolor de cabeza puede deberse a un exceso de trabajo y al estrés, ya que en estos casos se tensan inconscientemente los músculos del cuello, la cabeza y los hombros.

Los síntomas clásicos son fruncir el ceño y encorvar los hombros; como resultado, se tensan los músculos frontales y temporales y se desencadena una sensación de dolorosa presión.

Tome el calmante que le resulte más eficaz y procure descansar. Si es propenso a los dolores de cabeza, practique la relajación y acostúmbrese a seguir unos horarios; cualquier alteración de sus costumbres (dormir mucho, dormir poco, saltarse una comida, temperaturas extremas, iluminación intensa) puede desencadenar dolor de cabeza. Lo mismo sirve para la migraña.

Cuando le duela la cabeza, haga ejercicios de relajación para el cuello, la cabeza y los hombros, y póngase una toalla caliente y seca o húmeda y fría (como prefiera) sobre la frente. También puede ser útil alternar toallas húmedas calientes y frías.

Hágase masajes en las sienes y el cuero cabelludo con una dilución de aceite de menta, que calma el dolor de cabeza, o extienda el masaje a los hombros y el cuello utilizando petitgrain o salvia.

Dolor de espalda

Pruebe una posición de relajación y no adopte postura alguna que empeore el dolor. Puede calmar el dolor si se tiende de espaldas, con las rodillas pegadas al tórax, o se acuesta y hace girar las caderas y los muslos de un lado a otro.

Estire la espina dorsal a menudo. Tanto si trabaja sentado como de pie, no permanezca más de 30 minutos en la misma posición. Desentumézcase al menos cada hora y haga algunos ejercicios sencillos para estirar y flexibilizar la columna vertebral.

Puede tomar un baño caliente y frotar la zona afectada con crema.

Para prevenir el dolor de espalda es importante que los muebles y objetos que utiliza estén adaptados a usted: su cama debe ser firme (en caso necesario, ponga una tabla debajo); cambie la silla en la que se sienta habitualmente para que le sujete los riñones y mantenga recta su espalda; asegúrese de que la altura entre la mesa y la silla es la correcta; si va a fregar platos, no doble la columna (en caso de que el fregadero sea muy bajo, siéntese en un taburete); si es usted alto, el mango de la escoba debe ser largo, y cuando vaya a recoger objetos pesados, mantenga recta la espalda y aproveche la fuerza de las piernas para elevarse.

Tensión premenstrual

El síndrome premenstrual constituye el trastorno más común en el mundo. Hay muchas mujeres que, como resultado de los niveles de estrógeno y progesterona, padecen tensión, fatiga e irritabilidad.

Numerosas mujeres experimentan también sentimientos de depresión, de agotamiento y de torpeza, normalmente unos días antes de que comience el período y, quizá, alguno después.

También se producen cambios físicos: sensación de hinchazón y pesadez por retención de líquidos, incremento de la incidencia de dolores de cabeza y migrañas, dolor de espalda y de riñones, molestias en el abdomen...

Las técnicas de relajación pueden ser de gran ayuda porque, en el caso de vivir situaciones de estrés, la tensión se multiplicará en esos días.

Observe durante seis meses cómo se siente, cuáles son los días especialmente críticos y cuáles son los síntomas que se manifiestan. En esos días, tómeselo con calma: renuncie a poner en marcha sus proyectos más ambiciosos, duerma más, no salga tanto, use ropas cómodas y holgadas, tome café descafeinado y zumos de frutas frescos, y evite el consumo de azúcar, sal y otros alimentos estresantes.

Pueden ser de gran ayuda tranquilizantes naturales como la valeriana y la pasiflora.

Durante los diez días que preceden al período premenstrual, tome más vitamina B_6 y tome comidas ligeras, varias veces al día. Practique regularmente la relajación.

Trastornos sexuales

Impotencia

No se preocupe si, ocasionalmente, padece problemas de erección: es algo que ocurre a todo el mundo de vez en cuando y no quiere decir nada. Pida a su pareja que le proporcione la estimulación que prefiera y concéntrese en sus fantasías sexuales preferidas. Si no consigue una erección, no se obsesione: posponga el sexo para otro día y dediquen la sesión a mimarse. Piense que la angustia sólo empeora el problema. Procure no obsesionarse y tómese el tiempo necesario para sentirse cómodo y a gusto tanto consigo mismo como con su pareja.

Inicie las relaciones sexuales cuando se encuentre en un buen momento, relajado y con el ánimo adecuado. Pueden empezar con un suave masaje relajante y caricias estimulantes.

Si nunca tiene erecciones, ni siquiera cuando se despierta, consulte con el especialista.

Falta de deseo

En muchos casos, la falta de deseo está causada por la fatiga y el estrés. Aprenda a relajarse y descanse lo que necesite.

Sincérese consigo mismo para saber si existe algún motivo oculto y procure solucionarlo. Si no lo hay, puede tomar ginseng, vitaminas del complejo B y vitamina E para reactivar su organismo.

Procure hablarlo abiertamente con su pareja y no renuncie a la imaginación para encontrar el deseo. Todo vale, mientras se sientan a gusto los dos. La imaginación no tiene límites.

Incapacidad de llegar al orgasmo

No obsesionarse es la clave: si pone demasiado empeño, no conseguirá entregarse en sus encuentros sexuales. Hable sinceramente con su pareja y experimenten juntos lo que más le gusta, las posiciones más placenteras para ambos, las partes de su cuerpo que le dan más placer, las caricias que más lo excitan... Comience el acto sexual cuando esté realmente excitada.

En las mujeres, los ejercicios para la pelvis son excelentes, y también el ejercicio de parar de orinar varias veces. Identifique la sensación, aprenda a controlar esos músculos y dedique unos minutos cada día a ejercitarlos.

Eyaculación precoz

Puede probar a conseguir otra erección: seguramente durará más porque ya no estará tan excitado. Debe procurar que sus movimientos sean menos enérgicos y estimulantes.

Haga una pausa cuando sienta que va a llegar al orgasmo. Para identificar mejor ese momento y aprender a dominarse, le será de gran ayuda la masturbación.

Si no encuentra solución por su cuenta, no dude en consultar con el especialista.

Problemas psicológicos

Depresión

Si se encuentra ante alguna situación de presión o ha experimentado recientemente un cambio importante, sobre todo si es negativo, esté atento a sus sentimientos.

Si siente tristeza, inseguridad, apatía, culpa, irritabilidad, indefensión y falta de motivación, puede estar entrando en una situación de depresión. Además, puede tener dificultades para concentrarse, falta de memoria, pérdida de interés, pesimismo, incapacidad para tomar decisiones...

Caso de hallarse en una fase depresiva, necesitará tiempo y paciencia para salir de ella. Se trata de animarse: de dar algunos pequeños pasos para salir del pozo.

Analice cuáles son los motivos de su depresión: ¿falta de seguridad?, ¿exceso de responsabilidad?, ¿perfeccionismo?, ¿necesidad de tenerlo todo controlado?, ¿falta de capacidad para delegar?, ¿le preocupa demasiado equivocarse?, ¿ha sufrido una pérdida o un cambio importante en su vida?

Si se siente desesperado, no se aísle. Llame a un amigo, a un familiar o a alguna asociación que se encargue de este tipo de problemas. Manténgase lo más ocupado posible, evite estar solo y no se deje ir por la pendiente.

Aprenda a cuidarse: coma correctamente y haga ejercicio físico con regularidad. No dude en acudir a un médico si lo necesita.

Mientras tanto, hay algunas cosas que puede hacer por sí mismo:

- Impóngase tareas sencillas para realizar cada día, aunque le dé pereza y no tenga ganas.
- Lleve un diario.
- Valore sus actividades y proyecte hacer las que más le gusten.
- Combata las ideas negativas («no sirvo para nada», «estoy solo»...) y verá que, examinándolas detenidamente, no tienen razón de ser.

Para distraerse, dedique tiempo a sus aficiones. Actividades absorbentes, como la lectura o el bricolaje, le ayudarán a apartar las ideas y sentimientos negativos.

Cualquier mejoría ha de pasar necesariamente por empezar a obligarse a hacer algunas cosas. Aproveche para plantearse sus objetivos en la vida: ¿va por buen camino aunque sea lento?, ¿está haciendo lo que quiere?

Quizá su depresión se deba a algún revés que haya sufrido recientemente y que usted esté exagerando.

Aprenda a pensar en positivo: si se encuentra sin empleo y se le han cerrado muchas puertas, piense que sólo es necesario un «sí» para conseguir un trabajo. Si siente que no lo tienen suficientemente en cuenta, plantéese si no es una sensación suya más que una realidad...

Fatiga

No trate de luchar contra ella porque lo único que conseguirá es agotarse e irritarse. Acuéstese temprano y duerma todo lo que pueda. Quizá se deba a algo transitorio, como el punto del ciclo menstrual en que se encuentra.

Si normalmente es activo y siente de repente que le falta energía, puede deberse a diversos factores: acumulación de presión, ritmo de trabajo demasiado intenso, cambios importantes, ansiedad, una enfermedad vírica mal curada, un carácter perfeccionista...

No ignore la fatiga porque, de lo contrario, puede iniciar un círculo vicioso. Tome vitaminas del complejo B o ginseng y realice masajes con algún aceite adecuado de aromaterapia, como amaro, bergamota, geranio, jazmín, lavanda, mandarina, naranja, toronjil o sándalo.

Si la causa es el estrés, piense que se encuentra en un estado emocional depresivo. Si puede, tómese unos días de vacaciones y, en caso contrario, intente programar actividades que lo motiven y altérnelas con otras que le cuesten más de hacer pero que son necesarias.

Coma pequeñas cantidades de carbohidratos varias veces al día.

Fobias

Una fobia es un miedo intenso y totalmente desproporcionado a un objeto, animal o situación. Se calcula que una de cada nueve personas puede convivir normalmente con una fobia leve. Sin embargo, en situaciones de estrés, puede llegar a generar ataques de pánico.

Enfréntese de forma progresiva a su miedo. No intente evitar el contacto con lo que le produce fobia (animales como arañas, perros o ratones; miedo a las alturas o a la oscuridad; temor a relacionarse; miedo a los lugares públicos...); por el contrario, aprenda a enfrentarse a la ansiedad que le produce. Al principio, tardará en ceder, pero cada vez que se enfrente a la situación que le da miedo, tendrá algo menos de ansiedad. Repítase a sí mismo: «ya he pasado por esto antes y lo he superado», «puedo superarlo», y otras frases similares que lo ayuden a reafirmarse.

Piense racionalmente e identifique los motivos reales de su miedo, verá que no son razonables. Ayúdese con ejercicios de respiración y relajación para controlar la ansiedad y el miedo.

Puede empezar por mirar fotografías de lo que teme para, poco a poco, ir estrechando el contacto: vaya a un lugar público grande en un momento que sepa que no haya mucha gente; póngase en una pequeña cola; súbase en un escalón y, posteriormente, a un taburete; acérquese el animal que teme poco a poco... Se trata de que, cada vez que se exponga cara a cara a su miedo, prolongue el período de contacto.

Ataques de pánico

Aunque constituye uno de los síntomas de estrés que más asusta, no es realmente grave. De todas formas, piense que quien lo padece lo pasa mal, ya que él mismo se da cuenta de que su reacción no es «razonable» y teme que se está volviendo loco, que va a perder el control...

Cuando alguien sufre un ataque de pánico, aumenta su ritmo cardíaco, empieza a sudar y a temblar, siente palpitaciones, sus pensamientos se disparan, aunque no haya una amenaza «real».

Si se encuentra en un ataque de pánico, piense que no es nocivo para la salud: no se va a desmayar ni a perder la razón. Intente pensar racionalmente: aunque las señales sean exageradas, constituyen reacciones físicas normales e inofensivas, y no sufrirá daño alguno. Baje el ritmo y concéntrese en la palabra «tranquilidad» u otra similar; intente ser consciente de su respiración y hágala más profunda para evitar la hiperventilación que lo conduciría a sostener ese estado de pánico.

Acepte las sensaciones y piense que pasarán pronto. Respire acompasada y profundamente. Si lo ayuda, puede hacer una inspiración más profunda y echar el aire con fuerza.

No escape de la situación porque la próxima vez sería todavía más difícil. Si puede, hable de ello con alguien de confianza. Si se concentra en su respiración, sentirá cómo el pánico cede poco a poco.

Cuando se sienta tenso, practique alguna técnica de relajación o algún ejercicio instantáneo para calmarse, no deje que la espiral del miedo avance. Si se encuentra en una situación que empieza a desencadenar un ataque, concéntrese en los detalles (las personas y sus vestidos, los muebles, la decoración...) para distraerse.

Aunque haya sufrido un ataque de pánico, no se obsesione ni busque síntomas en su organismo de que va a sufrir otro. Piense que el cuerpo no es perfecto y, por tanto, si se examina con demasiada atención, siempre descubrirá «anomalías»: irregularidades en la respiración, nerviosismo injustificado...

Si comprende su miedo y se enfrenta a él, se dará cuenta de que es capaz de resistirlo y vencerlo. No deje que su afán por evitarlo acabe limitando sus movimientos y su libertad. Al afrontar su miedo, ya es vencerlo de alguna manera. Cuanto más lo rehúya, más grande se hará y más poder tendrá sobre usted.

Irritabilidad

Una tensión demasiado continuada o la acumulación de presiones o exigencias puede causar que cualquier tontería, que normalmente no se hubiera tenido en cuenta, desencadene la ira o la furia. Se pierde la tolerancia y se producen reacciones desproporcionadas a lo que realmente ha ocurrido.

Piense que no se pone furioso por las personas, sino por el modo de pensar que ha desarrollado: quizá cree que los demás deben interpretar al segundo lo que usted quiere; quizá esté exagerando la situación y piensa que no puede más cuando tampoco hay para tanto; a lo mejor piensa que los demás deben tratarlo de una forma determinada, pero no tiene en cuenta la libertad y los derechos de ellos...

Cuanto más utilice palabras como «debería», «tengo que», «desastre» y similares, más posibilidades tendrá de sufrir frustración e irritabilidad.

Reconozca sus sentimientos de ira o furia e intente averiguar por qué se producen. Examine qué situaciones le originan reacciones de cólera y practique técnicas de relajación y algún ejercicio que le sirva para calmarse justo antes de estallar.

Intente no ser tan rígido y procure flexibilizar sus convicciones.

La valeriana y la pasiflora pueden ayudarlo mucho, así como el ejercicio físico. Si está especialmente irritable, intente practicar deporte en ese mismo momento, aunque sólo sea un paseo rápido.

Conductas obsesivas

Si tiende al perfeccionismo, quizá tienda a obsesionarse en épocas en que esté sometido a una mayor presión.

La obsesión puede ser tanto la irrupción de determinados temas en la mente, como de pensamientos indeseados, alarmantes, reiterativos y, muchas veces, disparatados. A veces toman la forma de un miedo desproporcionado a hacer daño a alguien, a contraer una enfermedad, a dudar sobre la seguridad en el hogar y comprobar diez veces si ha cerrado el gas, etc.

Para neutralizar sus dudas, primero debe identificarlas; haga una lista de las ideas obsesivas que más lo preocupan y señale las conductas compulsivas asociadas a ellas (lavarse las manos continuamente, comprobar algo innumerables veces, ordenar las cosas de una determinada manera para no sentirse mal, ideas que lo acosan de forma habitual...).

Una técnica de relajación puede ser útil para controlar la ansiedad y prevenir conductas compulsivas. Cuando le asalte la idea en cuestión, grítese mentalmente «basta» y piense en otra cosa.

También es una buena técnica abandonarse a la idea, concentrarse en ella y dejar que invada nuestros pensamientos durante diez minutos. ¿Tiene tendencia a ser catastrofista? Pues empiece a enumerar las desgracias más grandes que se le ocurran. Aprenda a reírse de sus obsesiones.

❖ ❖ ❖

Problemas familiares

Matrimonio

Organizar una boda es una importante causa de ansiedad y estrés. De hecho, ocupa el número 10 de la escala de estrés. No es sólo el día de la boda y todo lo que hay que tener en cuenta y organizar, sino que también pesa el inicio de la vida en común y la convivencia.

Hay que acostumbrarse a formar parte de una pareja y aprender a compartir la vida de otra persona que, seguramente, tendrá opiniones diferentes en numerosos aspectos.

Antes de dar el paso, debe estar razonablemente seguro, aunque a medida que se acerque el día es normal que sienta algunas dudas. Algunas preguntas pueden ayudarlo: ¿si no fueran pareja serían amigos?, ¿su pareja le hace reír?, ¿qué intereses tienen en común?, ¿se siente atraído sexualmente por su pareja?, ¿son capaces de dialogar y de expresar sus sentimientos?, ¿aceptan las críticas constructivas?, ¿por qué se suelen enfadar?, ¿poseen personalidades y habilidades complementarias?, ¿están de acuerdo en las cuestiones fundamentales de la vida?

Una vez tomada la decisión, es importante no estresarse en demasía con los detalles de organización. Planifique todo con cuidado, restrinja las actividades sociales los días inmediatamente anteriores al matrimonio y evite discusiones con la pareja y la familia. No se obsesione con que todo salga perfecto.

Tener un hijo

Nadie se arrepiente de haberlo tenido, pero hay que considerar ciertos aspectos: pañales, comidas, lavadoras, visitas, llantos nocturnos...

Si a veces uno se pregunta «¿qué he hecho yo para merecer esto?», no debe sentirse culpable. Uno no puede ser un padre feliz las 24 horas del día y es normal equivocarse y confundirse, aunque ya se hayan tenido otros hijos; el de padre es un oficio que se aprende día a día.

Además, un hijo afecta a todas las parcelas de la vida: se dispone de menos tiempo, la «libertad» queda restringida, hay más responsabilidades en la pareja, los gastos son mayores, disminuyen las oportunidades de salir en pareja o hacer vida social, se va más cansado y hay menos momentos para relajarse, baja la frecuencia de las relaciones sexuales...

Es indispensable aprender a vivir con un recién nacido y que la pareja afronte el reto unida. Para ello, es importante expresar los sentimientos y que la pareja hable de todo lo que le preocupa, turnarse para cuidar al niño de forma que los dos puedan descansar, y reservar tiempo para las actividades que se hacían antes del nacimiento y para salir de vez en cuando con la pareja. La vida de pareja con un recién nacido cambia, pero no tiene por qué acabarse.

Los cambios afectan ambos miembros de la pareja, pero la madre se enfrenta además a la depresión posparto. El padre es una ayuda inestimable para superarlo, pero no conviene que la madre se aísle: debe hablar con otras madres, aprender a expresar sus necesidades, dudas y demandas, y, sobre todo, encontrar tiempo para descansar.

Peleas con los hijos

Siempre hay diferencias de opinión con los hijos, pero es en la adolescencia cuando se multiplican y pueden aparecer discusiones tan encendidas como interminables.

Todos los padres se preocupan por si lo hacen bien o mal, y esto puede causar cierta ansiedad. Aunque no hay fórmulas exactas, sí existen cosas que deben ofrecerse a los hijos para asegurar que crecen sanos y felices: conseguir que se sientan queridos por lo que son y no por lo que hacen; que encuentren en su familia comprensión y apoyo, pero también, cuando haga falta, una mano firme; dejar que se comuniquen abierta y directamente, que expresen sus emociones y pensamientos con libertad...

Las rabietas sirven a los niños para medir sus fuerzas. No hay que ceder, sino hacerle saber que puede expresar lo que quiera, pero que esa no es la forma correcta.

Debe demostrar a los niños que no se dejará convencer, pero ha de reconfortarlos. En algunos momentos, puede ser efectivo distraer al niño pidiéndole alguna tarea. Si tiene la impresión de que su hijo «hace comedia», no le preste demasiada atención para que sepa que no le gusta su comportamiento. Vuelva al cabo de unos minutos para consolarlo.

Para que un niño acepte las normas es necesario predicar con el ejemplo. Los niños, y sobre todo los adolescentes, miran con lupa la coherencia de los adultos. Sea consecuente y firme en sus decisiones y haga caso a sus propias normas y consejos. Aprenda a escuchar y hable con sinceridad de todo tipo de temas.

Cuando haya una pelea, diga «no» tranquilamente y con autoridad. Si se ha equivocado, pida excusas, y si es el niño quien se ha equivocado, es él quien debe pedirlas. Enséñele a pedir perdón después de un berrinche y pida usted también perdón si sufre un acceso de furia.

En determinados casos puede llegarse a un acuerdo o a negociar algunas condiciones de forma satisfactoria para ambas partes.

Por muy mentalizado que se esté, la adolescencia constituye un período difícil por muchos motivos. El más importante es que marca el fin de la «etapa de padre» y lo hace de una forma traumática: los hijos, que antes estaban encantados de ir con sus padres a todas partes, ahora nunca encuentran ningún momento para compartir.

Va a sentir ira y frustración, pero debe pensar que estos sentimientos de independencia son normales. Pase más tiempo con sus amigos, recupere antiguas aficiones... En la adolescencia, los hijos, probablemente, no querrán ir con sus padre ni a la esquina, pero cuando superen esa difícil época, volverán. Ya nada será como antes, desde luego, porque debe recordar que ya han dejado de ser niños para convertirse en adultos.

Divorcio

La separación o el divorcio son la segunda causa más importante de estrés, superada sólo por la muerte del cónyuge. Es comprensible, ya que después de un divorcio se suelen experimentar muchas pérdidas: un importante vínculo, el plan para el futuro, apoyo, compañerismo...

Es una situación muy estresante que provoca diversas fases en la persona que pasa por ella:

- **Culpa**: sea porque usted ha provocado la ruptura y ve que su antigua pareja está sufriendo, o porque es ella quien ha roto con usted y se pregunta qué ha hecho mal. No se deje llevar por este sentimiento para reconciliarse; hay que hablar mucho antes para pactar cambios importantes y solucionar lo que no funcionaba.

- **Rabia**: es desagradable, pero acelera el proceso de cambio.
- **Esperanza**: puede producirse si usted es el abandonado y su pareja no se ha definido del todo. Después de una convivencia, debe saber a qué atenerse: pida a su pareja que le explique los motivos.
- **Inferioridad**: si es usted quien ha sido rechazado, lo más normal es que dude de su valía y tenga ideas negativas. Recuerde que cuando las personas padecen estrés, pueden tener pensamientos exagerados que no guardan relación con la realidad.
- **Depresión**: es normal sentir dolor, deje que fluya. Acostúmbrese a su nueva soledad, pero salga, apúntese a cursos, dedíquese a sus aficiones, recupere a los amigos que tenía un poco olvidados... No se deje arrastrar a una nueva relación enseguida: lo más probable es que se trate de un parche para intentar paliar su soledad.

Infidelidad

Naturalmente, sus efectos pueden ser devastadores para una relación. Si se ha dejado arrastrar por una debilidad y ha tenido un desliz, quizá sea preferible callarse. En este caso, sincerarse podría ser una forma egoísta de exorcizar su culpabilidad y cargar a la pareja con dolor, frustración, rabia, el sentimiento de haber sido traicionado... Procure que no vuelva a repetirse e intente solucionar sus problemas con la pareja.

Si la relación extramatrimonial dura años, meses o semanas, quizá debería plantearse qué quiere realmente y por qué la empezó. No deje que avance y que crezca: plantéese qué anda mal en su pareja o qué lo impulsa a la infidelidad y, antes de lanzarse al ruedo, hable con su pareja y sincérese con ella.

Piense que cuando se descubre una infidelidad, si la pareja decide permanecer junta, debe partir de cero. Hablen de lo que ha ocurrido sin alterarse y reconstruyan su convivencia introduciendo los cambios necesarios.

Situaciones de crisis

Pérdidas

La pérdida de alguien o de algo valioso implica un período de adaptación. No sólo la pérdida de una persona próxima puede desencadenar la aflicción, sino que una separación, un despido o la aceptación de una enfermedad también pueden motivarla.

La muerte del cónyuge se considera el factor más estresante. El período de aflicción puede ser peor si se trata de una muerte repentina o violenta, o si la relación era muy estrecha.

Ante hechos tan tristes, suele pasarse por varias fases:

- **Conmoción**. Se tarda en darse cuenta de que lo que ha pasado es real. La primera reacción puede ser de frialdad, negación, histeria o incapacidad para pensar con claridad. Son emociones que protegen, en un primer momento, de la pérdida.

- **Rechazo**. Se intenta negar lo que ha sucedido y se lucha entre rabia, culpa, tristeza, miedo, y búsqueda.
- **Desorganización**. Aceptación y abrumadora desolación, desesperación y apatía.
- **Reorganización**. Se reconstruye la vida y se consigue un equilibrio, aun a costa de cambios profundos.

Hablar y escuchar es importante para superar la aflicción. De nada sirve negar el dolor; al contrario, hay que sentirlo y llorar para que se expresen los sentimientos.

Después de un trago tan fuerte es difícil recuperarse, pero no imposible. Debe ir poco a poco, todo tiene su tiempo.

Sin embargo, puede ayudarse con algunas terapias, como los remedios florales de Bach y las técnicas de relajación. Si se siente en un pozo, consulte con un profesional, que lo ayudará a sentir su dolor y a salir poco a poco de su depresión, adaptándose a los cambios que la pérdida ha provocado.

Por mucho que sea su dolor no debe descuidarse: descanse, duerma lo suficiente, intente no aislarse, coma bien, distráigase...

Despido

Cualquiera que sea su edad, es posible encontrar trabajo. Dedíquese a ello activamente fijándose un horario y no desfallezca; piense que la media para encontrar trabajo es de seis meses. Realice unos quince o veinte contactos semanales entre anuncios del periódico o diversas revistas y ofertas que le lleguen por otros medios y, sobre todo, contactos que haga por su cuenta a través de direcciones de las páginas amarillas y listados del gremio o sector al que pertenezca. Envíe un currículo y llame unos días después o, mejor aún, preséntese para ver si consigue una entrevista.

Haga saber a todo el mundo que está buscando trabajo: antiguos profesores, amigos, conocidos, tenderos del barrio, contactos de otros empleos, personas con las que trata habitualmente... Aproveche para prepararse mejor.

Robo

No toque nada e informe inmediatamente a la policía. Tómese una taza de té, llore y grite hasta que se desahogue un poco, y practique algunos ejercicios de respiración. Acto seguido, sea práctico: haga una lista de objetos que hayan desaparecido, llame a un cerrajero para que cambie las cerraduras y plantéese la adopción de precauciones adicionales de seguridad, como instalar cerrojos o rejas. Llame a su compañía de seguros. Si le han robado tarjetas de crédito, llame inmediatamente para anularlas. Si está solo, llame también a algún amigo para que lo reconforte y le ayude a poner un poco de orden.

Mudanza

Sea sistemático. Empaquete a la vez las cosas de un armario o de una habitación, y aproveche para deshacerse de todo aquello que no le vaya a hacer servicio: es su oportunidad de realizar limpieza. Haga todos los preparativos necesarios con antelación para evitar prisas el día de la mudanza. Pida ayuda a familiares y amigos y dedique un día entero a la mudanza. No trate de amueblar el nuevo hogar de inmediato.

Buscar casa

Antes de ponerse a buscar casa, debe saber qué quiere exactamente y a qué precio: haga una lista de los principales requisitos que ha de cumplir su nueva vivienda y póngase en contacto con una agencia inmobiliaria explicando bien lo que quiere y, sobre todo, cuánto dinero está dispuesto a gastar. Sea firme con este último punto si no quiere tener luego problemas.

Llame a la agencia a menudo para asegurarse de que están trabajando para usted. No deje para el último momento la hipoteca, e infórmese bien antes. Una vez localizado el piso o casa que quiere, consulte los planes urbanísticos de la población donde vive y asegúrese de que la propiedad no tiene cargas o deudas pendientes, que pasarían luego a su cargo.

Dificultades económicas

Las preocupaciones económicas provocan mucho estrés, especialmente si amenazan el modo de vida. Pueden deberse a un despido o a un cambio de trabajo con un sueldo menor, a algunos problemas surgidos después de contratar una hipoteca, etc.

El primer paso consiste en reorganizar la economía para hacerla viable.

Lleve un control y sea previsor. Equilibre ingresos y gastos, aunque para ello tenga que llevar una lista para saber por dónde se le escapa el dinero; elimine los gastos superfluos y, sobre todo, las compras compulsivas. Convenza a su familia de que hay que apretarse el cinturón: todos deben ser razonables.

Aproveche las ofertas para comprar los productos no perecederos en gran cantidad, acuda a mercados ambulantes, a tiendas de oportunidades, a liquidaciones... Compre lo que necesita y, antes de adquirir algo, piense si realmente es imprescindible.

Aunque las cosas le vayan bien, sea previsor: guarde un fondo de emergencia por si aparece algún imprevisto, ahorre dinero y márquese el objetivo de empezar cada año, como mínimo, igual que el anterior; diversifique sus inversiones entre algunas «seguras» y otras más arriesgadas, pero que le pueden proporcionar mayores beneficios.

Si está muy apurado, hable con su entidad bancaria y pida que suspendan los cobros durante una temporada.

Problemas en el trabajo

El trabajo es la principal causa de estrés en el mundo desarrollado. Las condiciones laborales (prisas, problemas de relación, exceso de trabajo, ruidos...) son responsables de una gran parte del absentismo del puesto de trabajo y de un bajón considerable en el rendimiento, así como de diversos problemas de salud. Intente afrontar el día con nuevas energías, cambiar su actitud y volverse más cooperativo y activo, encontrar nuevas alegrías y estímulos en su trabajo, involucrarse en nuevos proyectos...

Aunque no lo consideren en toda su valía o, incluso, lo hayan descendido de categoría, no se desanime: encuentre nuevos bríos e intente hacerlo lo mejor posible para que mejore su puesto. No olvide hablar clara y directamente (aunque de forma suave) con su superior para averiguar los motivos por los que lo han degradado o no confían más en usted. Exponga que cree que podría ser más útil en otro puesto debido a sus capacidades y perfil.

Si los problemas son tan graves, piense seriamente en cambiar de trabajo: ¿está dispuesto a dejarse la salud?, ¿realmente merece la pena?

Conflictos personales

Es necesario evitar los enfrentamientos en la medida de lo posible, ya que hay que convivir muchas horas con los compañeros. Eso no quiere decir que no deban expresarse las opiniones, al contrario, pero debe hacerse sin hostilidades. Hable con la otra persona y explíquele los problemas. Prepárese también para escuchar su punto de vista y llegar a un acuerdo satisfactorio para ambos.

Si el problema es realmente serio, trate de que lo cambien de sección, y si los compañeros lo apoyan y el asunto es grave, procure que despidan a esa persona conflictiva. Escriba para ello una carta formal de queja explicando con claridad los problemas.

Exceso de trabajo

No asuma demasiadas responsabilidades, sobre todo si nadie se lo ha pedido, ni trate de alcanzar un objetivo imposible. ¡Cuidado con su perfeccionismo! Aprenda a delegar y a decir «no» cuando se encuentre sobresaturado. Si tan grave es la situación, dígale a su superior que necesita ayuda.

Administre su tiempo con más eficacia y prográmese para realizar las tareas más enojosas: dedique un tiempo concreto para devolver y hacer llamadas, contestar correspondencia u otras actividades enojosas. Haga los trabajos más delicados e importantes en el momento del día en que tenga más vitalidad.

❖ ❖ ❖

Casos particulares

Ayudar a los hijos a relajarse

Un ambiente tranquilo y que los hijos vean que los padres tienen una relación cálida entre sí (aunque haya discusiones), ayudará a los niños a encontrarse a salvo y disfrutar de su mundo.

Las necesidades básicas de los niños son: seguridad, afecto, independencia y responsabilidad, autoestima, reconocimiento de su valía personal por parte de los padres, profesores y compañeros, y juegos para desarrollar sus capacidades físicas y mentales.

Evidentemente, por mucho amor y dedicación que se les dé, siempre surgen dificultades y los niños pueden sentirse asustados o ansiosos. Apoye a sus hijos y ofrézcales cariño y consuelo, pero no intente anticiparse a sus fracasos ni ejercer demasiado control: nadie escarmienta en cabeza ajena y deben aprender por sí mismos.

A medida que los niños crecen y tienen mayores responsabilidades y más oportunidades de sentirse estresados, las técnicas de relajación pueden ser de gran ayuda.

Juegos de relajación

Existen varios juegos de relajación, muy divertidos, que pueden ayudar a los niños mayores a reconocer la diferencia entre tensión y relajación. Use primero las palabras «duro» o «blando» para ayudarles a identificar tales conceptos.

- **Soldado de madera**. Este movimiento tiene que ser tenso. Haga que el niño ande como lo haría un soldado, manteniendo tensos los músculos y avanzando lentamente (fig. inferior).

SOLDADO DE MADERA MUÑECO DE TRAPO

- **Muñeco de trapo**. Las piernas y los brazos se relajan, se abandonan. Las rodillas se doblan y el cuerpo entero se relaja. Levántele un brazo y déjelo caer con suavidad para demostrarle que está blando. Es lo contrario que en el ejercicio anterior (fig. anterior).
- **La plancha**. Mantenga al niño firmemente cogido para infundirle confianza. Pídale que se mantenga rígido, con los brazos pegados al cuerpo (fig. inferior izquierda).
- **Abandono**. El niño debe permanecer tendido en el suelo, con la cabeza echada hacia atrás lo máximo posible, y los brazos, al lado del cuerpo. Levántele los brazos para comprobar su estado de relajación (fig. inferior derecha).

LA PLANCHA

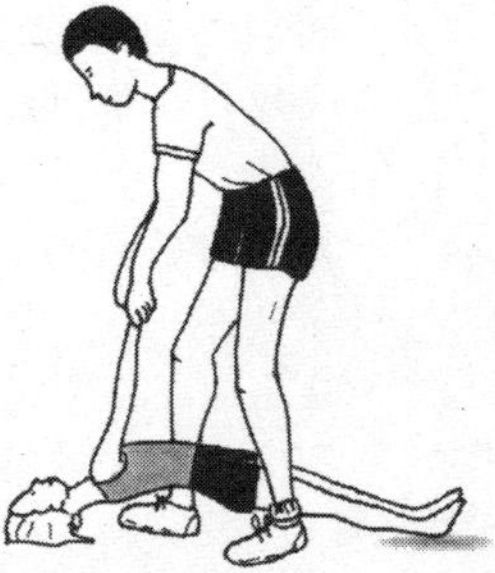

ABANDONO

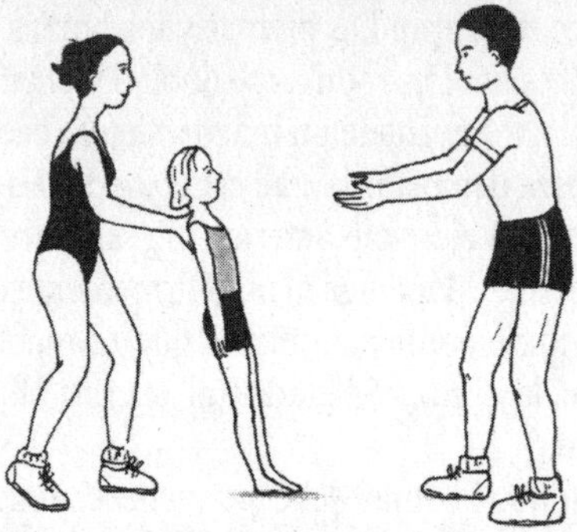

DE PAPÁ A MAMÁ

♦ **De papá a mamá**. El niño debe mantenerse de pie, rígido, e inclinado hacia atrás para que lo coja uno de los padres. Con un pequeño empujón, éste lo dirige hacia su pareja, que lo coge. Es necesario que el niño se deje ir y que tenga la total seguridad total de que será cogido (fig. anterior).

Relajación en la tercera edad

Jubilarse puede ser uno de los hechos más estresantes de la vida. Después de las responsabilidades y presiones de un trabajo conseguido por experiencia y edad, después de las rutinas diarias y el tiempo organizado, los compañeros de trabajo, etc., se produce una ruptura brusca.

Para quienes no hayan planeado qué hacer con su tiempo, puede constituir una experiencia traumática porque es necesario adaptarse a una disminución de los ingresos, a nuevas rutinas domésticas, a nuevos objetivos y propósitos...

Los que hayan decidido dedicarse a todo aquello que no pudieron desarrollar a causa de su trabajo y estén también abiertos a nuevas ideas, pueden descubrir que se trata de una época muy gratificante: nuevos amigos, actividades, habilidades, oportunidades de ser útil a la comunidad...

Lo ideal sería que ya hubiera aprendido técnicas de relajación, ya que eso le proporcionaría una buena actitud ante el mundo, pero siempre se está a tiempo de aprender.

Evidentemente, habrán limitaciones físicas, pero con constancia puede mejorarse la movilidad.

Nadar es un ejercicio excelente, así como andar, especialmente si camina bien derecho y con los brazos relajados. La práctica regular de natación o los paseos le servirán para estimular la circulación sanguínea.

Manos

Abra la mano todo lo que pueda de forma que sienta el estiramiento en cada uno de sus dedos. Entonces, cierre el puño y manténgalo tan rígido como pueda. Lleve uno a uno todos sus dedos hacia el pulgar (fig. 18).

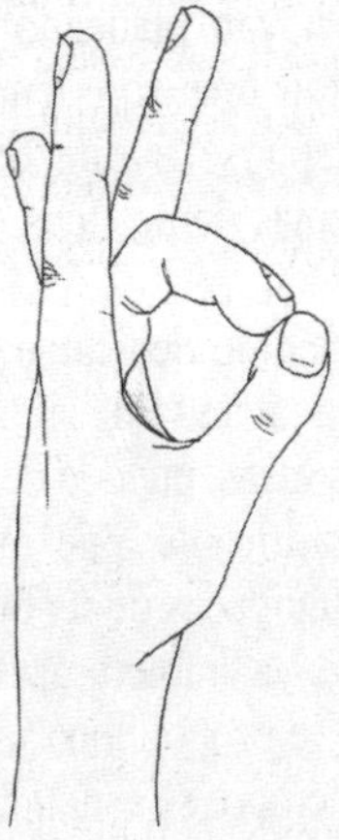

fig. 18

Rodillas

Este ejercicio es muy útil para mantener la movilidad de las rodillas. Siéntese en el extremo de una mesa fuerte y balancee sus piernas desde las rodillas, relajadamente. Este ejercicio puede ser de ayuda por las mañanas, sentado en la cama, ya que desentumece las articulaciones.

Espalda

Este ejercicio sirve para aliviar el dolor debido a la tensión o a llevar la espalda encorvada. Siéntese en una silla con respaldo y ponga los pies firmemente en el suelo, de forma que queden debajo de las rodillas. Dóblese hacia un lado y dirija su brazo hacia la pata posterior de la silla. No fuerce el movimiento: debe sentir un agradable estiramiento. Acompañe el movimiento con el cuello de modo que estire éste y el hombro, además del tronco (fig. 19).

Antes de empezar

Antes de empezar cualquier ejercicio, realice un buen estiramiento:

- De pie, empiece por estirar sus brazos hacia arriba y hacia los lados todo lo que pueda, como si estuviera desperezándose. Seguidamente, suba un brazo y diríjalo hacia arriba mientras mantiene el otro brazo a lo largo del cuerpo. Repita con el otro brazo y luego suba ambos. Una vez realizado este ejercicio, ponga los brazos a los lados del cuerpo y relájelos.

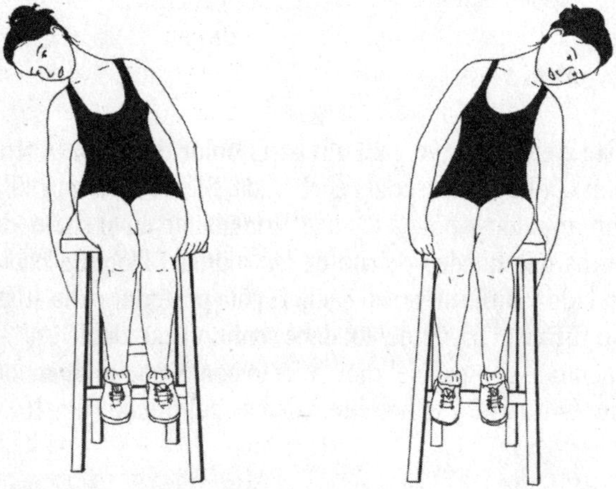

fig. 19

♦ Haga un gran círculo con su cuerpo en un movimiento lento y armonioso. Empiece por soltar las rodillas y, seguidamente, doble la cintura hacia un lado. Con el brazo de ese lado, trace el círculo estirándose al máximo. Cuando se halle en el centro, señale el techo con el dedo y estírese todo lo que pueda; continúe el círculo hacia abajo hasta completarlo. Repita con el otro brazo.

- Separe un poco las piernas y distribuya su peso uniformemente sobre ambos pies. Deje caer sus brazos a ambos lados del cuerpo. Gire su cuerpo de forma que sus hombros y sus caderas se dirijan hacia el mismo lado. Entonces, diríjase hacia el otro lado, manteniendo siempre los brazos sueltos. Éste debe ser un movimiento rítmico, de un lado a otro, mientras los brazos flotan.
- De pie, con los pies un poco separados, suba los brazos oblicuamente desde los lados. Mantenga la posición unos instantes con el cuello extendido y los hombros relajados, y deje que sus brazos bajen desmayadamente de forma que se crucen frente a usted. Mantenga el cuerpo erguido.
- Acto seguido, eleve sus brazos hacia los lados hasta que las palmas de las manos se toquen ligeramente sobre la cabeza. Vuelva a dejar caer los brazos, cruzándolos frente a usted nuevamente. Repita el ejercicio completo varias veces, siguiendo el ritmo.
- Ponga los pies de forma que le proporcionen una buena base. Inclínese un poco hacia delante y deje que sus brazos queden hacia delante, extremadamente relajados.

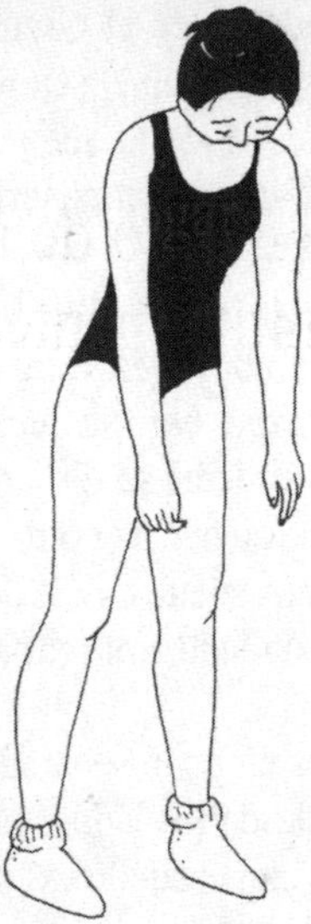

fig. 20

- Balancéese un poco de forma que sus brazos se muevan. Deje que el movimiento pare gradualmente mientras va sintiendo cómo los brazos se relajan cada vez más (fig. 20).

Mejorar el estado de ánimo definitivamente

Ser uno mismo

Para sentirse bien consigo mismo es absolutamente necesario reconocer que nadie es perfecto, que uno tiene sus virtudes y sus defectos, sus habilidades y sus limitaciones, sus inseguridades y fracasos...

Conocerse es la clave para aceptarse y estar a gusto. Esto no significa conformarse: naturalmente, hay cosas que deben cambiarse o mejorarse, pero uno no tiene que castigarse sistemáticamente y recriminarse hasta la saciedad el más mínimo error. Conocernos significa que podemos mejorar aquello donde más fallamos.

Para conocerse, reflexione qué características se adecuan a su forma de ser. Seguramente no pertenecerá por completo a un tipo u otro, pero en líneas generales se identificará más con uno de ellos:

- **Tipo A**: tranquilo, atento, intelectual, convencional, estable, relajado, realista, solitario, callado, urbano, líder, religioso.

- **Tipo B**: animado, impetuoso, práctico, poco convencional, ambicioso, agresivo, exigente, idealista, sociable, parlanchín, seguidor, gregario, rural, agnóstico.

El primer paso es conocerse, y el segundo, identificar las causas del enojo, la tristeza o la sensación o sentimiento que se experimente y poder expresarlo sinceramente. Si se reprime, empuja sus emociones hacia dentro y éstas se vuelven contra usted mismo.

Exteriorizar las emociones significa librarse de ellas rápida y completamente, y evitar que se acumulen. Diga las cosas con tacto, pues no se trata de hundir a los demás.

Las técnicas de relajación son una ayuda inestimable para soltar los pensamientos y sensaciones destructivos. Respire lenta y regularmente.

Posiblemente no tendrá demasiado control sobre los acontecimientos y situaciones que ocurren a su alrededor, pero sí puede escoger cómo va a reaccionar ante ellos.

Busque los aspectos positivos de cada hecho que le suceda, por desagradable y angustioso que sea, y trate de aprender siempre algo o sacarle algún partido.

Examine cómo reaccionaba en el pasado. Quizá ha automatizado una forma de reaccionar que, en realidad, no sirve para nada o ya está pasada. Trate de ser consciente de sus sentimientos y de sus reacciones.

Cada vez que empiece a sentirse irritado, nervioso, angustiado o estresado, concédase 10 minutos. Siéntese y concéntrese en su pulso, su respiración y la tensión de los músculos, que irá soltando poco a poco. Deje de respirar 10 segundos y, a continuación, inspire con fuerza. Respire normalmente y sonría. Se sentirá mejor y actuará de una forma más positiva.

Adquirir confianza en el propio cuerpo

Aproximadamente, el 70 % de la comunicación humana es de tipo no verbal; por eso, a veces nos resulta difícil engañar a los demás, ya que aunque estemos diciendo algo con la voz, el cuerpo lo desmiente.

La postura constituye un indicador muy claro del grado de seguridad. Mantenerse erguido produce una mejor impresión que encoger los hombros o echar la barriga hacia delante. Además, no sólo parecerá más seguro si adopta una buena postura, sino que usted mismo se sentirá más seguro.

Mire directamente a los ojos de la persona que tenga delante; no mantenga la mirada baja porque da inequívocas muestras de inseguridad. Tampoco mire con demasiada insistencia porque puede dar la impresión de que está juzgando al otro.

Manténgase erguido, con la cabeza alta y bien centrada entre los hombros, el tórax hacia fuera y el cuerpo en una tensión saludable.

Su andar debe ser relajado, elegante, y con el paso firme y regular para indicar que sabe hacia dónde va y que, además, se dirige allí a su propio ritmo.

Síntomas delatores

Los siguientes son síntomas evidentes de nerviosismo y miedo:

- La espalda encorvada.
- Los hombros altos o encogidos.
- El cuerpo demasiado inclinado hacia delante.
- Los puños cerrados.
- Las manos juntas.
- Los pies que se mueven continuamente.
- Las piernas que se balancean.
- Las manos que juguetean incansablemente con algo o que se usan para rascarse, peinarse, mesarse los cabellos, acariciarse la barbilla o cualquier otro movimiento repetitivo.

Siéntese derecho, con los hombros relajados, y en ningún caso se deje caer; siéntese de forma elegante, sin apresurarse, pero manteniendo una armonía de descanso. Mantenga las manos a los costados o juntas, pero no las estruje ni las mueva continuamente. Siéntese con el torso un poco inclinado hacia delante, de forma que comunique una cortés atención, un interés por la persona que tiene delante.

Si mantiene los brazos cruzados, dará la impresión de comodidad y confianza en sí mismo, pero no debe hacerlo con demasiada fuerza porque puede parecer que permanece a la defensiva, preparado para mostrar hostilidad y agresividad.

Procure que sus ademanes sean pausados aunque enérgicos. Nunca deje un gesto a medio camino, como si hubiera cambiado súbitamente de opinión, ni mueva las manos con ademanes bruscos o tamborilee con los dedos porque comunica impaciencia y, posiblemente, una mente cerrada.

Adquirir confianza verbal

Es muy importante cómo se dicen las cosas. Debe mostrar seguridad y expresar exactamente lo que quiere decir. Recuerde que cuanto más auténtico sea, cuanto más se comporte de acuerdo con lo que piensa y siente, mejor dará una imagen de sí mismo y mejor se sentirá, evitando así que las posibles desavenencias pasen a mayores.

Si siempre está conteniéndose y no es capaz de expresar su desacuerdo, por pequeñas que sean las cosas con las cuales no se siente identificado, terminará por estallar. Diga las cosas que piensa en el momento (suavemente, recuerde) y no espere a que hayan pasado días o semanas. Practique y verá cómo, al cabo de un tiempo, le resulta más fácil.

Aprenda a explicarse y a decir lo que piensa con educación, aunque no debe ser demasiado exigente: no puede pretender que todo esté a su gusto, aprenda a ser tolerante.

Cuando hable con alguien, respire suavemente y relaje los músculos de la mandíbula y de la cara. Mantenga un tono de voz agradable y no hable demasiado de prisa (lo único que conseguirá es confundir a la otra persona) ni demasiado alto (irritará a quien lo escuche).

Evite gritar en la medida de lo posible, aunque esté irritado, así como interrumpir a los demás y utilizar palabras amenazadoras o signos directos de agresión (dedos y manos que se aproximan en exceso y bruscamente a la otra persona). Sus gestos no deben demostrar falta de control.

Acostúmbrese a dar sus opiniones aunque no se las pidan preguntándole directamente, y no tema usar la palabra «yo», aunque tampoco debe convertirse en el centro de todo.

Si los demás no están de acuerdo con lo que dice, no lo interprete como un rechazo a su persona. Interésese por los demás honestamente y pregunte por los motivos, aunque sea su superior quien haya hablado. Haga notar que simplemente quiere más información siendo educado: «¿por qué dice eso?» o «¿podría darme más detalles?» son buenas fórmulas para preguntar una razón sin ser demasiado directo.

Para aprender a expresarse, no dude en grabarse. Así verá las entonaciones que da a su voz, su forma de expresarse, si habla demasiado rápido o excesivamente lento y, en especial, los tics o muletillas que pueda tener (suspirar, toser, chasquear la lengua o usar frases de relleno al estilo de «tú sabes», «ya me entiendes», «¿no?», «¿verdad?»...).

Debe ejercitarse en decir lo que piensa y en expresarse bien. Sea específico. En lugar de decir «siempre me estás incordiando», explique por qué es así: «me has dicho cinco veces que no olvide comprar el regalo de mamá».

❖ ❖ ❖

Aprender a dialogar

Saber escuchar es más importante que saber expresarse. Pero saber dialogar también significa ser asertivo para comunicar sentimientos y necesidades, deseos e ideas, y estar en un equilibrado punto medio entre las personas pasivas, que no saben defenderse, y las agresivas, que dominan, atropellan y arrasan a los demás.

Para dialogar es importante sentirse seguro, tener una buena opinión de sí mismo, conocerse y respetarse. Debe comunicar a los demás que está contento de ser como es, pero que está abierto a conocer, compartir o, incluso, adoptar nuevas opiniones.

Todos somos iguales y tenemos los mismos derechos básicos. Entre ellos se cuenta decir cómo se siente o lo que piensa, cambiar de opinión, decir «no» o equivocarse. Por supuesto, tiene el deber de aceptar que los demás hagan lo mismo.

Si tiene dificultades para decir lo que piensa, no dé nunca vueltas al asunto. Exprese la idea de la forma más sencilla posible, con una frase directa y corta: «quiero que me des el informe hoy, por favor». Aunque le cueste, debe pronunciar las palabras clara y lentamente, no como si disparara una ráfaga.

Repetir lo esencial

En el caso de que tenga que decir algo que le resulte violento, puede escribir un guión en el que quede bien clara la naturaleza del problema, los efectos que tiene en usted, su opinión sobre lo que está pasando y lo que quiere cambiar.

Hay personas que cambian el tema de conversación o que pasan al ataque directo cuando se les habla. No caiga en esa trampa y siga con lo suyo o se verá envuelto en discusiones bizantinas. Para estas personas, una buena técnica consiste en repetir, como un disco rayado, lo que quiere. Es también una buena táctica para díscolos hijos adolescentes; por ejemplo:

- Usted: «Recoge la mesa, por favor».
- Él: «Siempre estáis encima de mí».
- Usted: «Siempre estamos encima tuyo, pero ahora quiero que recojas la mesa, por favor».
- Él: «En esta casa no se puede vivir».
- Usted: «En esta casa no se puede vivir, pero ahora quiero que recojas la mesa, por favor».

- Él: «¿Eso es lo único que sabes decir?».
- Usted: «Eso es lo único que sé decir, pero ahora quiero que recojas la mesa, por favor».

Esta técnica es útil para resistirse repetidamente a las exigencias de una persona obstinada o que no escucha, o para solicitar con insistencia algo que necesita.

Negociar

En el diálogo, la negociación es clave. Para conseguir sus fines y llegar a un buen entendimiento basta con un poco de tacto y previsión.

Desde luego, debe escuchar el punto de vista del otro, intentar entenderlo y aprender a no ser rígido, intolerante o inflexible. Negociar es encontrar un punto intermedio, un acuerdo satisfactorio para ambas partes.

Pida aclaraciones siempre que las necesite e intente comprender la postura de la otra persona y sus necesidades. Razone y conserve la calma.

Prepárese por adelantado pensando las posible objeciones que puede plantearle la otra persona y, cuando llegue el momento, déjela hablar. Exprese su punto de vista con claridad y no dude en pedir al otro que respete su turno de explicarse, así como usted ha respetado el suyo.

No deje que las cosas se desmanden: no suba la voz, no pierda el control de la respiración, no empiece a hacer gestos bruscos... Se trata de llegar a un acuerdo, no de ganar un concurso de obstinación. Debe tener claro en todo momento que deberá ceder en algún punto. Antes de ponerse a negociar, piense qué partes son innegociables para usted y en cuáles está dispuesto a ceder.

Elogiar

Existe un detalle aparentemente intrascendente y trivial que, sin embargo, da una clara indicación de su seguridad personal: su capacidad para hacer cumplidos y aceptarlos.

Si piensa que alguien ha hecho algo bien, ¿por qué no decírselo? Si tiene dificultades para elogiar a los demás, igual eso esconde un problema de comunicación más profundo o, quizá, el convencimiento de que los demás tienen que hacerlo todo bien.

No dude en elogiar sinceramente a los demás, sus relaciones mejorarán. Para ello, escoja un buen momento y lugar, mire a la persona, sea breve, claro y concreto, y hable en primera persona.

Para aceptar los cumplidos necesita la misma tranquilidad de ánimo y naturalidad. Nunca responda diciendo «no hay para tanto...» o algo parecido. ¡Naturalmente que se merece el cumplido!

La mejor estrategia, si se siente incómodo con los elogios, es decir sencillamente «gracias». Escuche sin interrumpir y responda con frases cortas. Con el tiempo, a medida que aprenda a recibir y hacer elogios, podrá expresarse con más fluidez: «gracias, estoy muy contento de este informe».

Las críticas

A nadie le gustan las críticas, pero a veces son necesarias. No sea cruel: una crítica ha de servir para que una persona mejore un aspecto, no para hundirla en la miseria. Háblele primero de lo positivo y luego exponga las razones de su desacuerdo.

Si es usted quien recibe una crítica, pida al otro que sea más específico o que aclare lo que quiere, y rechace la crítica con serenidad si es injusta. Acepte solamente los puntos verdaderos de la crítica.

Aprender a decir «no»

El miedo a decir «no» es una causa común de estrés. En muchos casos nos han educado de pequeños para obedecer a padres y maestros, y el derecho a una negativa no se ha contemplado.

Si no sabe decir «no» puede hundirse en la frustración: tareas que nadie quiere hacer, salidas con personas a las que no quiere ver, compromisos desagradables, favores interminables, exceso de trabajo...

Una sola palabra puede servir para liberarle. No piense siempre en los demás o en la opinión que tendrán de usted. Además, no crea que rechazar una demanda equivale a rechazar a la persona que la formula, ni exagere las repercusiones que pueda tener su negativa.

Existen diversas formas de negarse, explórelas:

- **Un «no» simple y llano**.
- **Un «no» reflexivo**: reflexione sobre el contenido y las implicaciones de la solicitud.

- **Un «no» razonado**: explique el porqué.
- **Un «no» temporal**: dé un plazo de tiempo alternativo.
- **Un «no» repetitivo**: le servirá para tratar con una persona insistente.

❖ ❖ ❖

Despertar los sentidos

Con la ayuda de los sentidos evaluamos muchas situaciones y, a veces, nos comportamos de una forma por consejo directo de los sentidos, aunque no seamos conscientes de ello.

Aguzar los sentidos significa estar abierto a impresiones inesperadas y a nuevas sensaciones e informaciones sobre el entorno. A nuestro alrededor suceden cosas maravillosas: niños que ríen, plantas que crecen, viejos árboles, el mar, prados de relajante hierba... Aprenda a disfrutar la naturaleza con sus sentidos: tocar las diversas texturas de plantas o árboles, escuchar un riachuelo, ver un inmenso prado verde, oler el mar...

Ver conscientemente

Ver conscientemente representa una buena forma de adquirir serenidad, significa abrir los ojos a lo que efectivamente está presente sin mezclarlo con las imaginaciones y fantasías propias y evitar el filtro de prejuicios o escalas de valores.

Ver conscientemente empieza por uno mismo: ¿cuántas veces se ha quejado de una determinada parte de su cuerpo? Usted no puede ser perfecto, aunque esto no signifique que no pueda ser atractivo, y debe empezar a comprenderlo. En lugar de contemplar el ideal que le gustaría representar, véase a sí mismo: ¿qué parte de usted le gusta más?, ¿qué parte es menos bella?, ¿qué impresión da el conjunto? Mírese al espejo, cuéntese que quiere aceptarse cómo es y mime las partes del cuerpo que menos le gustan para aceptarlas.

Mire lo que lo rodea con ojos nuevos, libres de prejuicios o de su particular forma de ver el mundo: descubra nuevos matices en los edificios, en la forma de comportarse las personas, en los vestidos, en sus relaciones con los demás, en la decoración de las casas, en las calles, en los gestos de los demás... Observe conscientemente todo lo que lo envuelve.

Escuchar conscientemente

Dedíquese a escuchar en lugar de oír. Ponga su música preferida y sienta sus variaciones de ritmo, intensidad, sentimiento y melodía con plena conciencia. Esté atento a lo que oiga por la calle, pero sin prejuicio alguno; deje que sus oídos se abran, que descubran el mundo de ruidos que normalmente pasan por ellos sin que los perciba.

Experimente con diversos olores y sabores y concéntrese en ellos: le sorprenderá descubrir cuán intensos y agradables pueden ser algunos. Esta investigación puede representar una excusa perfecta para experimentar con cocinas de otros países. Sea consciente de lo que come y de los diversos sabores que va dejando en la boca, en la lengua, en el paladar... De esta forma, seguramente empezará a cuidar más su alimentación.

Por último, toque. Seguro que hay un mundo olvidado de texturas y formas al cual nunca presta atención. Concéntrese en él y verá cómo constituye una gran fuente de placer.

Descubrir la creatividad

Desarrolle su fantasía, haga crecer sus potenciales, deje que las ideas fluyan... La creatividad, básicamente, se nutre de su estado anímico, de las oscilaciones que pueda sentir en su interior, del impacto que los hechos tienen en usted, del aporte de ideas que las personas o las situaciones que viva le proporcionen y que a usted lo conduzcan a otras ideas.

Para ser creativo hay que reconocer los propios sentimientos y sentirlos en toda su amplitud, sin catalogarlos ni racionalizarlos primero. Esto no significa que, en los momentos en que la angustia haga su aparición, deba dejarse arrastrar, sino que los sentidos deben permanecer abiertos tanto al mundo exterior como al interior.

No se reprima: llore, ría, gruña, salte, luche, quéjese, cuchichee, dé saltos de alegría, tiemble, grite, laméntese, rece, sonría, refunfuñe, suspire... No se trague su tristeza y su rabia porque lo único que conseguirá es hacerse daño.

Ejercicio para encontrar su creatividad

Haga un viaje a su fuente interior, al origen de su alegría de vivir y su fuerza. Puede hacerlo con sus amigos, pero entonces uno de ustedes debe contar en voz alta el recorrido del viaje.

Escoja un lugar tranquilo y bien aireado y asegúrese de que nadie lo molestará.

Estírese y desperécese para sentir su cuerpo conscientemente y relajarse. Cuando se sienta tranquilo, cierre los ojos y compruebe que se siente completamente bien. Olvide sus preocupaciones y responsabilidades y concéntrese en el viaje que va a emprender.

Camina por una calle larga que lleva a un portón. Fíjese en su forma y en sus detalles, en sus colores. Abra el portón con cuidado y fíjese si se abre fácilmente o no. Entre lentamente y ciérrelo detrás de usted. Se encuentra ahora en un jardín silvestre con plantas que crecen a su aire: grandes setos, hierbas altas, árboles frondosos, matas tupidas... No es un jardín ordenado, pero sí muy atractivo. En su camino encuentra una pequeña escalera de piedra. Suba uno a uno los escalones, tranquilamente, y avance hacia la luz del sol que aparece en la parte superior de la escalera. Cuando llega arriba, ve un gran prado en plena primavera: el sol brilla, el cielo es de un azul intenso y ante usted se abre un mar de flores. Avanza por el prado hasta que ve un bosque a lo lejos. Se aproxima y lo siente como una presencia amenazadora. Sin embargo, sigue adelante y penetra en él. Es inquietante: ruido de ramas, sonidos extraños, sombras que se deslizan delante de usted y a su lado... Es un bosque muy grande. Siente miedo y aprieta el paso. Ve un claro y se apresura para llegar. Entonces encuentra el paisaje más hermoso que haya visto: un oasis de paz, con un manantial que murmura secretos. Al principio sólo oye el murmullo del agua, pero cuando se acerca es capaz de escuchar lo que la preciosa y fresca fuente quiere comunicarle. Grabe su mensaje en su mente.

Vuelve sobre sus pasos y ahora el camino por el bosque le parece muy corto. Avanza con paso rápido y ligero hasta que llega al prado de flores, que atraviesa como una exhalación, con el corazón y el cuerpo ligeros. Antes de pisar la escalera de piedra para descender, gírese para mirar la fuente y recordar lo que le ha dicho. Baje la escalera hasta que llegue al portón, ábralo y ciérrelo desde fuera para que nadie más pueda abrirlo. Camine pausadamente por la calle que lleva a su casa, a la habitación donde realiza este ejercicio. Tómese su tiempo para despertarse totalmente y piense qué ha sentido en cada momento y en los paisajes que ha conocido.

Piense sobre todo en la fuente, ya que simboliza su energía personal, y recuerde lo que le ha comunicado.

Cambiar la manera de ver el mundo

Solemos ver el mundo a través de nuestro particular prisma y, en muchos casos, limitados por las experiencias que hemos tenido.

A veces, para poder vivir y sentir que controlamos el entorno, generalizamos. A primera vista, esto puede parecer cómodo porque da seguridad, pero puede llevar a grandes errores y limitaciones.

Una experiencia personal negativa no puede llevar a sacar una conclusión general: todos los hombres son egoístas, todas las mujeres son posesivas, todos los políticos son corruptos, todas las chicas guapas son tontas...

Las generalizaciones pueden ser útiles en determinados casos, cuando hay datos objetivos y comprobados (por ejemplo, los leones son peligrosos), pero cuando la conclusión se basa en una experiencia personal incompleta, las generalizaciones dan una idea negativa y restrictiva del mundo que, en lugar de ayudarnos a prosperar, nos limita.

Interpretaciones sesgadas de la realidad

Intentar comprender el mundo y hacerlo cómodo puede llevar a otro error: la selección. De esta forma, de todo lo que sucede alrededor, una persona selecciona los hechos y situaciones que refuerzan sus convicciones y teorías, y descarta todos los demás.

Si piensa que no tiene suerte, automáticamente seleccionará todos los hechos que lo corroboran, pero olvida todos los que se oponen a su convicción. Esta visión limitada de la realidad es negativa y constituye una importante fuente de estrés.

También puede interpretarse la realidad de forma muy personal y vivir como ataques lo que simplemente son comentarios. Usted, por ejemplo, da un dossier a un compañero y éste se lo devuelve diciendo que falta un documento. Usted lo interpreta como un reproche personal, como si le hubiera dado a entender que no sabe hacer las cosas correctamente. Interpreta los sentimientos del otro y lo que quiere decir entre líneas, y empieza a sentirse continuamente atacado.

Existen numerosas formas de pensar irracionalmente:

- Personalizar, sentir que todo lo que sucede es por culpa de uno.
- Ser demasiado extremista y deducir, de un pequeño incidente, que va a hundirse una parte de su vida irremediablemente.

- Atenerse a reglas fijas y pensar que si se aparta de ellas, aunque sea levemente, está condenado al fracaso.
- Sacar conclusiones precipitadas y exageradas.
- Tender al catastrofismo.
- Construir sus conclusiones sobre la vida basándose en el contenido de sus emociones.
- Asumir que si ha fracasado una vez en algo, le volverá a suceder cada vez que lo intente.
- Magnificar las cosas malas hasta que se convierten en algo mucho peor de lo que son realmente.
- Pensar en términos de bueno y malo y no contemplar los grises: si obtiene un notable, por ejemplo, es un fracaso no haber alcanzado un sobresaliente.

Contra todas estas formas parciales de pensar, aprenda a relativizar, a reírse de sus exageraciones, a apreciar lo bueno que hay en usted y en su vida. Arrincone los pequeños detalles y no deje que le amarguen la vida; felicítese cuando lo merezca y no se torture por sus errores: aprenda de ellos. Piense siempre en positivo; por muy negativa que sea la experiencia, seguro que puede extraer algo de ella.

Organizar el trabajo

Aunque trabaje por su cuenta, planifique su tiempo. Hágase un horario y verá cómo su trabajo le proporciona menos angustia. Probablemente, la falta de organización y planificación eficaces sea la causa más importante del estrés que sentimos en el trabajo.

Estructure su jornada laboral y cumpla con sus tareas y deberes según lo haya planificado. De esta forma sentirá que tiene el control de la situación y, además, no olvidará nada y encontrará tiempo para aquellas cosas que se posponen eternamente. Por supuesto, el modelo no tiene que ser rígido y debe dejar un hueco para los imprevistos. Si es preciso, reorganice totalmente su jornada laboral.

Juzgue cuál es la relación correcta entre flexibilidad y autodisciplina. Ser flexible no significa aprovechar cualquier excusa para posponer lo que no le apetece hacer...

Organícese de la forma que mejor le convenga: lleve una agenda o dietario, haga listas de tareas a realizar, escriba sus prioridades para evitar el caos...

Adecue su estilo y ritmo a su trabajo para sacar el máximo partido de sus capacidades, y alterne las tareas más rutinarias con otras más satisfactorias y atractivas para que su cerebro no se embote. De todas formas, no se embarque en muchas tareas a la vez porque ello puede conducirlo a la desorganización y a la confusión.

Si su empleo está lleno de imprevistos y es muy variado y dinámico, dedique un tiempo a serenarse con tareas rutinarias como abrir la correspondencia y contestarla. Aprenda a decir «no» cuando esté saturado de trabajo y establezca algunos minutos para relajarse. Incluso si está muy atareado, relajarse será muy provechoso porque lo ayudará a distanciarse de su trabajo y refrescar la mente, de forma que cuando retome su tarea, su eficacia será mayor.

Si tiene algún problema que no sabe solucionar, acuda a un diagrama que lo ayude: ponga en el centro el problema y haga ramificaciones con las diferentes soluciones que se le ocurran, los pros y los contras de cada una de ellas, y los resultados finales que logrará, tanto deseados como indeseados. En cada una de las ramificaciones incluya algunas pequeñas medidas suplementarias que pueden servirle para paliar los efectos secundarios.

Cuanto más feliz y satisfecho esté con su trabajo, menores posibilidades tendrá de sufrir estrés. Los factores laborales más relevantes que influyen en la satisfacción personal son el control que se tiene de la propia manera de trabajar, la posibilidad de enorgullecerse con lo que uno hace, el reconocimiento que se recibe por el trabajo, el ambiente, las características de los superiores y las ventajas que proporciona el puesto (sueldo, seguridad, posibilidades de ascenso...).

❖ ❖ ❖

Planificar el tiempo

Es casi imposible controlar por completo el empleo de su tiempo porque, evidentemente, el horario dependerá de la naturaleza del trabajo y de la estructura de su vida personal.

Cuando no esté trabajando, intente desconectar: olvídese de sus problemas laborales. Esto le será especialmente difícil si trabaja por cuenta propia, pues lo más seguro es que no tenga un horario establecido y, si lo tiene, debe ser altamente flexible. Para conseguirlo, dedíquese a actividades que requieran toda su atención: leer, bricolaje, meditación, bailar, cocinar, practicar un deporte enérgico...

Sobre todo, dedique suficiente tiempo a dormir y a comer. Aprenda a perder el tiempo a gusto: otórguese alguna vez el lujo de dedicar tiempo a alguna labor aparentemente sin propósito, a soñar despierto, holgazanear o jugar. Ganará en buen humor, energía y, aunque no lo crea, tiempo.

Cuanto más atareado esté, más importante es que realice una pausa de vez en cuando para tranquilizar el organismo, despejar la mente y conseguir nuevas energías y ganas de lucha.

Pasar casi todo el día en compañía de otras personas y no tener tiempo para estar con uno mismo puede crear un desequilibrio. Lo ideal sería pasar una hora solo por cada hora que pasase con los demás, y compensar el tiempo que dedica a la familia pasando unos instantes solo en algunos momentos del día.

Dedique tiempo a su pareja y comparta el relax con ella. La intimidad es una necesidad real, no un lujo o un capricho. El tiempo que se dedica a sí mismo le da tranquilidad y le proporciona la oportunidad de entregarse a los demás.

Controlar su vida pasa por organizar su tiempo de forma eficaz. Dedique a cada actividad el tiempo que necesita y establezca prioridades para las tareas que debe cumplir. Haga una previsión a largo plazo en la que contemple los diversos factores previsibles que influirán en usted y los acontecimientos y obligaciones que puede prever (vacaciones, exámenes escolares, citas con médicos, papeleos, planificar vacaciones con antelación, declaración de renta, cambios en su trabajo...).

Elabore también un horario mensual con las actividades que quiere llevar a cabo y las que está obligado a realizar, y un diario semanal en el que apunte lo que debe hacer por orden de prioridad. Cuando calcule el tiempo que necesita para cada tarea, añada un 10 o 20 % más para cubrir los problemas o errores que puedan surgir.

Por último, haga un horario realista y que contemple descansos, tanto si se dedica al hogar como si trabaja fuera de casa o en su domicilio.

Organizar el espacio personal

El sitio en el que vive constituye una extensión de sí mismo y un reflejo fiel de su carácter y sus necesidades de comodidad.

Exprésese decorando el entorno según sus preferencias de color, estilo y dimensiones, y consiga encontrarse a gusto en su espacio.

El entorno y el estado de ánimo están estrechamente relacionados. Por ello, el hogar ideal debe conseguir el equilibrio entre el estilo personal, la tranquilidad, las luces y sombras, los diferentes colores...

Evite los olores desagradables y las temperaturas extremas, aísle la casa de los ruidos exteriores, ya que sus efectos son acumulativos, y mantenga todo limpio y ordenado, aunque sin obsesionarse.

El desorden y la desorganización generan estrés. Si es desorganizado, perderá mucho tiempo buscando objetos perdidos que no están donde deberían. Ponga orden a medida que vaya haciendo las cosas. Cada persona tiene su orden particular: si su mesa parece un caos pero sabe donde está cada cosa en todo momento, no se preocupe; lo tiene todo controlado, aunque su sistema de orden es diferente.

Procure disfrutar de la luz natural porque la luz artificial provoca depresión y falta de energía. Elija preferiblemente las luces que imitan la luz natural porque le pueden ayudar a evitar los estados depresivos en invierno y a mejorar la concentración y la energía.

Para crear un espacio privado en el que se sienta a gusto se necesita imaginación y tiempo. Siga su instinto cuando escoja el color, los olores, las plantas, las combinaciones de líneas, los estilos, la distribución, la reorganización del espacio, la creación de diversos ambientes con biombos, plantas, acuarios u otros objetos decorativos, o la elección de los muebles que, en cualquier caso, deben asegurar una correcta postura corporal.

Importancia de los colores

Tenga en cuenta que los colores son decisivos para crear un buen ambiente. Todos nos inclinamos por ciertos colores por un motivo u otro, pero le será útil conocer los diferentes cambios que pueden crear los diversos tonos:

- **Azul**: tranquiliza, enfría, reduce la tensión y el insomnio, y aumenta la sensación de espacio.

- **Violeta**: se relaciona con la espiritualidad, la paz interior, la tranquilidad y el equilibrio.
- **Turquesa**: da la sensación de frescura y espacio.
- **Verde**: representa el equilibrio y la falta de movimiento. Si se utiliza de forma abusiva en interiores, puede aletargar.
- **Amarillo**: puede irritar o dar sensación de espacio ilimitado. En pequeñas dosis, es un color vivaz que puede aliviar la depresión.
- **Naranja**: es un color alegre, pero puede resultar agobiante. En pequeñas dosis, evita las tensiones.
- **Rojo**: estimula y caldea, aunque suele ser opresivo y disminuir el espacio. Es un buen color cuando se sufre agotamiento.
- **Rosa**: tranquilidad, serenidad, calma y espiritualidad.
- **Gris y beige**: el más suave y positivo es el gris azulado. Los tonos marrones protegen y dan intimidad. Los tonos neutros, como el crema, el beige o el gris, pueden utilizarse en las paredes y luego dar algunos toques del color que prefiera para crear un ambiente determinado.
- **Blanco**: representa la pureza y la espiritualidad. Puede dar serenidad, pero si domina en exceso constituye un color frío e irritante.

Índice

INTRODUCCIÓN

RELAJACIÓN EN LA VIDA DIARIA

RELAJAR EL CUERPO

YOGA

CALMAR LA MENTE

TÉCNICAS FÍSICAS DE RELAJACIÓN

AYUDAS PARA SUPERAR LA SENSACIÓN DE ESTRÉS

SOLUCIONES A CORTO Y A LARGO PLAZO

CASOS PARTICULARES

MEJORAR EL ESTADO DE ÁNIMO DEFINITIVAMENTE

Colección VIDA POSITIVA

Títulos publicados

1. Sé positiva - S. Patton Thoele
2. Imágenes que curan - L. Moen
3. Mensajes con amor - S. Jeffers
4. Crecer interiormente - L. Moen
5. Las respuestas están dentro de ti - U. Markham
6. Relaja tu mente - L. Moen
7. Aprende a meditar - L. Proto
8. Creatividad mental - L. Moen
9. Libérate del estrés - L. Marshall
10. Eres energía - G. Martel
11. Transforma tus emociones - L. Moen
12. Respira y sé libre - M. Verdilhac
13. Ejercicios energéticos - E.J. y S. Blawyn
14. Vivir espiritualmente - U. Silbey
15. Evite preocuparse - S. Breton
16. La combinación de los alimentos - T. Spong
17. Zumos para una vida sana - C. Wheater
18. Verduras para una vida sana - R. Richling
19. La gimnasia del bienestar - V. Thieffry
20. El arte de la sexualidad energética - S. Elkéfy con P. Jacquemart
21. Guía práctica de masaje y automasaje - J.P. Séréni
22. Sé optimista - C. Adams Miller
23. Tus manos pueden curar - R.A. Weinman
24. Guía de sexualidad para jóvenes - The Diagram Group
25. Lecciones de optimismo - C. Adams Miller
26. Desarrolla tu magnetismo - G. Biadatti
27. Interpreta tus sueños - Y. Soliah
28. El arte del placer sexual - B. Keesling
29. Todo es posible - P. Kummer
30. Guía práctica de stretching - F. St George
31. Pensamientos de poder y amor - S. Jeffers
32. Belleza natural - L. Earle
33. Primeros auxilios naturales - B. Grant Viagas
34. Frutas para una vida sana - R. Richling
35. Minerales y oligoelementos para su salud - S. Roediger Streubel

36. Vitaminas para su salud - K. Oberbeil
37. Vivir positivamente - C. Adams Miller
38. Aprende a motivarte - E. Jensen
39. Puedes tenerlo todo - A. M. Patent
40. Introducción a los chakras - D. Coquelle
41. Aprende a relajarte - J. Choque
42. Aromas que curan - J. Radford
43. La memoria en plena forma - Jocelyne de Rotrou
44. Técnicas esenciales para el bienestar - Louise Taylor
45. El poder curativo del agua caliente - Dr. Patrick Horay, David Harp
46. Ensaladas para una vida sana - Regina Richlig
47. El poder curativo del yogur - Rose-Marie Nöcker
48. Adelgazar con la mente - Dagmar Herzog
49. Los secretos de la pareja feliz - Paul Coleman
50. Cómo desarrollar la autoestima - Patricia Cleghorn
51. Vivir a dúo - Paule Picard
52. Masajes que curan -Gilles Orgeret
53. Guía práctica para enriquecerse - J.G. Richard
54. Cómo desarrollar energías positivas - Charles Stray
55. Dormir bien para vivir mejor - Sandrine Gerin
56. Plantas que curan - Ana P. Fernández Magdalena
57. Sé positiva II - Sue Patton Thoele
58. Las finas hierbas para una vida sana - La Mère Michel
59. Claves para una alimentación sana - Alan Berger
60. Legumbres para una vida sana - Regina Richling
61. Relajación instantánea - Frank Goldwind
62. El niño positivo - Nora Rodríguez
63. El lenguaje del cuerpo - Geddes & Grosset

VIDA POSITIVA

Visualizaciones para relajar la mente y el cuerpo en unos minutos y eliminar la tensión física y psicológica.

Visualizaciones para entrar en contacto con nuestro yo superior, desarrollar nuestro potencial y utilizar nuestro poder de autocuración.

Ejercicios para crear un diálogo positivo con nosotros mismos.

Desarrollo personal - autocuración - vida interior

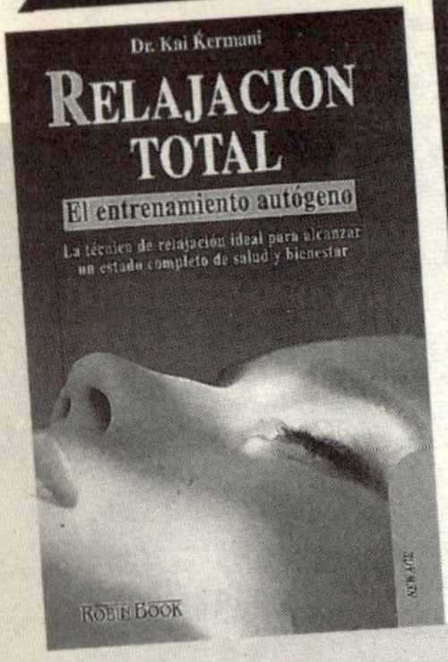
Dr. Kai Kermani
RELAJACION TOTAL
El entrenamiento autógeno
La técnica de relajación ideal para alcanzar un estado completo de salud y bienestar
ROBIN BOOK

Vlady Stevanovitch
LAS TECNICAS ENERGETICAS
Cómo despertar y desarrollar su energía vital para vivir libre y feliz
ROBIN BOOK

CUERPO MENTE
LA CONEXION CURATIVA
NEW AGE
ROBINBOOK